Só o Amor Constrói

FERNANDO SÉRGIO

RICHARD - Espírito

Só o Amor Constrói

1ª edição

Editora Ideia Jurídica

SÓ O AMOR CONSTRÓI

Editor:	*Cláudio Luiz Brandão José*
Revisão:	*Samira Valente da Costa*
Capa e diagramação:	*Rogério Mota*
1ª edição	*2015*
Impresso no Brasil	*Printed in Brazil*

Eij

Editora Ideia Jurídica Ltda.
editorial@editoraeij.com.br
Tel. (21) 3437-3400 / 3437-4400

DADOS INTERNACIONAIS PARA CATALOGAÇÃO NA PUBLICAÇÃO (CIP)

R385s

Richard (Espírito)
Só o amor constrói / Richard - espírito, [psicografado por] Fernando Sérgio. - 1. ed. - Rio de Janeiro : Ideia Juridica, 2015.
221 p. ; 21 cm.

ISBN 978-85-87873-51-4

1. Espiritismo. 2. Obras psicografadas. I. Sérgio, Fernando. II. Título.

CDD- 133.93

JOSÉ CARLOS DOS SANTOS MACEDO – BIBLIOTECÁRIO CRB7 N.3575

Sumário

Comentário do Autor

Desde garoto em Juiz de Fora (MG), tive grande facilidade no estudo da teologia católica. No entanto, não compreendia o Deus despótico que, ao final de uma simples vida de algumas dezenas de anos, dizendo-se onipotente, salvaria alguns do fogo de inferno e condenaria um grande número ao sofrimento eterno simplesmente porque nele não foram capazes de acreditar.

Estudava em um colégio de padres e nenhum deles foi capaz de me explicar o porquê do que eu chamava de "injustiça divina".

Certa feita, disse ao querido e saudoso amigo padre Newton Pimenta (que Deus o tenha!): "Já que o senhor admite que Deus é onisciente, ou seja, sabe todas as coisas, então, padre, ele já sabe desde a nossa criação sobre aqueles que irão ser salvos e aqueles que já estão condenados... Ora, não é uma crueldade do todo-poderoso colocar uns e outros para competirem, mesmo já sabendo o resultado do 'campeonato'?"

"Menino - disse-me ele -, apegue-se à Eucaristia e não faça uma pergunta dessas...".

Não me apeguei. Ao contrário, dos 15 aos 18 anos, li tudo o que podia da literatura espírita e de outras religiões, cristãs ou não, e descobri um Deus misericordioso e que nos criou para que, entre umas e outras vivências, possamos ir aprendendo sobre a grande verdade espiritual que veio a ser confirmada por Jesus, após a passagem de muitos mestres sobre a face da Terra.

Por mais que queridos amigos meus não acreditem, existe a reencarnação. Aliás, devo dizer que identifico dois tipos de pessoas que não creem na reencarnação, os materialistas e alguns religiosos.

As pessoas materialistas são aquelas que só acreditam no que enxergam, e algumas delas, orgulhosas e atemorizadas quanto ao desconhecido, preferem negar a existência de Deus e, consequentemente, dos espíritos. Para elas, só esta vida existe e ela é inexplicável. O outro tipo é formado por alguns religiosos, que pertencem às religiões que só creem em uma vida física para depois, sendo salvos, despertarem no paraíso.

Percebo o entendimento dessas pessoas que, devido ao estágio em que se encontram e diante das dificuldades da vida física, preferem acreditar que o sofrimento só se vive uma vez e, com sinceridade, não gostariam de voltar por aqui, quando enfrentariam de novo as incompreensões humanas e até as desavenças físicas e emocionais. Atingidas diariamente por um mundo imaturo (mundo de expiação e provas), preferem acreditar que não pertencem a este mundo e dele serão salvas por um passe de mágica. Não serão. Acreditando ou não, todos estamos vivendo múltiplas encarnações, a exemplo dos múltiplos dias, meses, anos e séculos necessários à formação de nossas personalidades.

A boa notícia é que elas estão certas: a vida da individualidade é uma só, ora no plano espiritual, ora no plano físico, e não teremos de reencarnar indefinidamente. Dia virá em que, mercê da grande experiência adquirida, estaremos juntos do Espírito Santo, ou melhor: dos espíritos santos de Deus. Eu mesmo acredito que seja a reencarnação do meu avô, o italiano Miguel Grandinetti, falecido alguns anos antes do meu nascimento, no Brasil, como Fernando Sérgio.

- Como soube? - perguntou um amigo...

No início da década de 70, vinha de carro, com mulher, cunhada e um filho de um aninho, de um casamento em São Paulo, com direção ao Rio, quando vi na estrada uma placa indicativa da cidade de Cruzeiro (SP), terra onde eu nasci certo dia, mas que dela saí com apenas dois anos de idade. Por um impulso inexplicável, resolvi tomar esse caminho.

Quando dei conta de mim, tinha parado o carro em frente ao cemitério velho no qual até hoje estão os restos mortais de meu avô, Miguel, e de sua filha, Tereza, que faleceu com apenas 21 anos. Desci do carro e sem jamais ter estado ali com aquela intenção, segui a passos firmes até parar diante do túmulo de Miguel, e passei a chorar comovidamente. Depois, enxuguei as lágrimas e segui viagem, não sem antes ouvir de minha cunhada a seguinte frase: "Hoje você fez uma grande coisa...". Aquilo me deu a desconfiança de que eu tinha sido Miguel no passado. Mais tarde, e ao longo da vida, tive inúmeros sinais da comprovação desse fato. No entanto, admito, só Deus sabe...

Então, desde a minha adolescência e sem nenhuma pretensão de ganhar dinheiro com isso, tornei-me estudioso das religiões comparadas e espírita. Tenho grandes amigos de outras religiões que, com certeza, não irão acreditar nessa história e muito menos na minha capacidade de ser médium. Alguns sequer irão ler... Nenhum problema.

Quero agradecer ao meu editor, Claudio Luiz Brandão José, que por intermédio do meu padrinho literário, Gerson Simões Monteiro, acreditou em mim como escritor desde a primeira vez (este já é meu terceiro livro) e nos deu, a mim e ao querido espírito Richard, a possibilidade de narrarmos esta história.

Este livro começou a ser psicografado em 1997 e aparentemente havia terminado de fazê-lo em 1998. Mas como o tempo de Deus não é o nosso tempo, quis o destino que eu conhecesse o meu editor, em 2012. Foi ele quem editou os meus dois livros anteriores, "*50 anos de comunicação*" e "*Vida e sucesso*". E foi com ele que deixei este livro, por quase dois anos, para análise.

Por sugestão minha, aceita pelo amigo espiritual Richard, acresci às páginas finais algumas informações sobre o espiritismo, escritas pelo grande codificador da doutrina, Allan Kardec, além de uma pequena biografia desse grande homem.

Agradeço a Richard a possibilidade de ter feito este livro, assim como a Deus por ter tido a oportunidade de escrevê-lo.

Desejo a todos uma boa e profícua leitura.

Outubro de 2014

Fernando Sérgio

Tragédia no Circo

Dias depois da minha morte física, caído de um trapézio do qual pretendera dar um salto mortal, ainda atordoado e confuso, vagava pelas cercanias da lona do circo, tentando dizer-me vivo aos amigos e à plateia.

Não era possível. Ninguém me via, nem mesmo a mulher com quem eu vivera três anos.

Chocado, depois de ter visto meu corpo morto, sentia-me abandonado, quando percebi que um jovem rapaz sorria para mim, aparentemente sendo o único capaz de me ver. Era Paulus, meu anjo da guarda, que vinha me pedir que eu seguisse com ele para um merecido repouso.

De início, relutei. Como o circo ia sobreviver sem mim, sua estrela e principal atrativo? Ao que Paulus respondeu:

- Agora, quem tem de aprender a sobreviver é você, já que está em um mundo novo e necessita de remédio e descanso.

Nada mais me lembro, que não o fato de ter aceitado a ajuda de Paulus e de ter adormecido profundamente.

O sentimento de um sono interminável foi interrompido quando eu acordei naquele quarto de hospital. Para mim, tudo parecia um sonho. Com certeza, eu havia sobrevivido ao acidente e estava me recuperando, todavia nunca vira um hospital tão eficiente, organizado e até bonito.

Foi aí que, para minha surpresa, revi Paulus. Então, era verdade... Havia vida após a morte física!

Nascido em Cincinatti, Ohio, logo me habituei com as constantes visitas dos pequenos circos norte-americanos. Meu pai, Philip, um velho ferreiro, era simples e sem educação formal, mas muito me amava e sempre que tinha um dinheirinho, levava-me ao circo. Era demais! Desde os cinco anos que não deixava de ir.

Ia nascendo no meu peito a paixão que sobreviveria por toda a minha vida. Mas daí até me tornar profissional do trapézio, passaram-se muitos anos. Negro, de família pobre, não podia mesmo alimentar sonhos muito altos. Aos sete anos, comecei a ajudar meu pai no fabrico das molas que ele tão bem fazia para as carroças de transporte que circulavam pela região. Era disso que ele sobrevivia, em uma pequena oficina que ficava na garagem de nossa modesta casa.

De manhã, ia para as aulas no velho colégio público e depois de almoçar e descansar um pouco, pegava firme na oficina do velho Philip, somente dela saindo à noite. Aí é que valia a pena: o convívio com as crianças nossas vizinhas, as brincadeiras e até os namoros.

Em uma noite dessas, conheci Alicia. Neta de italianos, pobre como eu e com o inconveniente de ser branca. De início, pensei que fosse mais um namorico, mas depois compreendi que havia algo mais. Nós nos dizíamos namorados dos 7 aos 13 anos, e olha que o pessoal levava a sério... Nós também.

Foi com tristeza e lágrimas nos olhos que ouvi de Alicia que ela mudaria de bairro. Seu pai havia melhorado de vida e não queria mais que ela se misturasse "com esses negrinhos por aí". Com certeza, o "negrinho" em questão era eu.

Da notícia à mudança, passaram-se três dias, e isso me deixou de coração partido. O que fazer? Deixar de ser negro? Impossível. Continuar trabalhando com o meu pai e ter um futuro pobre que nem ele?Não. Não era isso que o meu sofrido coração planejava para mim.

Desiludido no amor e na vida pessoal, garoto ainda, um dia fui pedir emprego em um circo que por ali passava. De tanta insistência, acabei ficando como faxineiro, e quando o circo se foi, lá fui eu com ele.

Passei 15 anos no Mackenzie's, os últimos cinco anos como trapezista da melhor qualidade. Cedo, cedo, com apenas 15 anos, um trapezista mudou de circo e abriu uma vaga para um crioulo forte que nem eu. Era tudo o que eu queria e não deu outra. Treinei tanto e com tamanho afinco que no semestre seguinte, estreava como quinto "trapezista voador". Só fazia isso: para esquentar os músculos do aparador, era o primeiro a voar, rodopiar o corpo e cair nas mãos seguras do Johnny. Nada mais.

Com o tempo e a minha dedicação, fui sendo reparado pelo aparador, que era nosso técnico e líder. Ele achava que, apesar d'eu ser alto demais (para "voador", o melhor é ser leve e baixo), eu levava jeito para a coisa e conseguia compensar o meu excesso de altura com os meus músculos bem desenvolvidos e a minha reconhecida magreza, que havia me dado o apelido íntimo de "Macarrão".

Foi assim que, treino após treino, comecei a me desenvolver como "voador". Nas primeiras vezes, mal conseguia dar uma cambalhota no ar; cinco anos depois, no entanto, via com orgulho o meu nome nos cartazes do pequeno circo: "Ric Velocity e o seu salto mortal triplo!". Isso mesmo: tornei-me uma estrela e passei também a ter a certeza de um futuro brilhante, afinal tinha apenas 24 anos quando isso aconteceu.

Jovem, negro, bonito e transbordando saúde, comecei a gozar de tudo o que a fama dá: dinheiro, mulheres e a falsa certeza de que o mundo estava ao meu alcance. Sabia que, só com 24 anos e tanto sucesso, seria um artista de fama internacional, embora não o fosse ainda. Era questão de tempo e saúde. Para mim, os dois, eu tinha para dar e vender. Pelo menos é isso o que eu pensava...

Tempo que seguia e eu cada vez mais famoso e prestigiado no circo em que trabalhava. Nada poderia dar errado. "Serei o maior do mundo ao cabo de alguns anos... eu mereço", pensava.

Hoje, daqui de cima (ou será de baixo?), vejo que a coisa não foi bem assim. De repente, aquela queda inesperada. Foram segundos que me pareceram a eternidade. Enquanto caía, apavorado, tinha a certeza de que a queda sem rede protetora era feia e que se sobrasse vivo, ia ficar todo quebrado.

Estupefato, constatava todas as cenas da minha vida desfilando com uma nitidez absurda naquele átimo de temo. Era como se o meu cérebro tivesse se dividido em duas metades: uma revendo todas as cenas importantes da minha vida e a outra estarrecida diante do perigo iminente.

Silêncio... muito silêncio! Escuridão... muita escuridão. O que houve? Teria dormido, teria morrido ou estava em coma?

Mesmo hoje, não dá para precisar quanto tempo fiquei paradoxalmente atordoado.

Digo paradoxalmente porque, ao mesmo tempo em que nada via, ouvia. Isso mesmo: ouvia muitas vozes, pressentia que havia acontecido um trágico acidente e que as pessoas corriam em direção ao meu corpo na esperança de me salvar.

Dava para sentir o corpo ofegante nos últimos estertores, mas a visão era nenhuma. De repente, alguém disse:

- Não adianta... está morto.

Aquilo soou na minha cabeça como um trovão. Mas como estava morto, se ouvia? Foi aí que fui recuperando a visão e para meu pavor, vi-me ao lado do meu falecido corpo, de repente tudo ouvindo e tudo vendo.

Apavorado, tentava explicar às pessoas que havia algum engano, que eu estava vivo... mas que ninguém me via ou mesmo me ouvia. Meu coração foi se enchendo de pânico, fui ficando taquicárdico, o que me apavorava mais ainda... Se eu tinha morrido, como é que sentia o meu coração ainda batendo disparado?

Por mais que interpelasse as pessoas, ninguém me via ou respondia. Vi pegarem meu corpo e tirá-lo do circo para um carro do Corpo de Bombeiros.

Exausto, apavorado, tentando controlar o meu pânico, desisti de segui-lo. Fiquei ali, sozinho, assentado no picadeiro e observando o velho Joe, triste, apagando as luzes uma por uma.

Horas depois, lá estava só e confuso. Claro que dava para perceber que havia morrido... Mas, que diabo! Estava vivo.

- Calma. Você já está recuperado da grande passagem, mas ainda não está com forças suficientes para andar sem o auxílio de uma cadeira de rodas por um ou dois dias...

- Cadeira de rodas no céu? - perguntei, ao que o bom Paulus respondeu:

- Em primeiro lugar, você não está no céu.

E vendo o meu espanto, concluiu:

- Tampouco está no inferno. Você se encontra em uma das muitas colônias espirituais que resgatam as pessoas com boa tendência e que morreram na Terra.

- E para onde vão as más? - perguntei, ao que Paulus respondeu:

- Para um lugar que ninguém gostaria de estar. E não porque Deus o determina. Não. Como você já deve ter percebido, todos somos filhos de Deus e fomos criados em espírito, sem nenhuma sabedoria, igual aos nenéns da Terra. Por isso, desde a nossa criação individual, começamos a nossa trajetória como amebas, depois nossos princípios vitais animaram as plantas e com os séculos, evoluímos para os animais, até, muitas vidas depois, nos reunirmos na forma aperfeiçoada dos macacos, a condição plena para a perfeita consciência.

Isso confirma a Bíblia terrena quando diz que "Deus fez Adão do barro...".

- Sim, eu entendo. Mas, até agora você não me respondeu sobre as pessoas más...

- Eu prefiro chamá-las de ignorantes. De fato, é isso o que elas são. Como todos somos criados na ignorância, quando obtermos a consciência plena, obtemos também o livre-arbítrio, ou seja, podemos fazer o que entendermos com as nossas vidas. Todavia, existem leis que regem o universo e sempre que as contrariamos, essa contrariedade fica gravada na nossa memória espiritual, exatamente aquilo que é chamado de carma na Terra, a lei de causa e efeito. Fazendo coisas boas, temos bons registros (darma); errando e fazendo coisas más, temos maus registros (carma). Essa nossa memória espiritual que daqui para frente chamarei de carma não é apagada, a não ser por uma ação em sentido contrário. Fez mal, só o bem apaga. Fez boa ação, infelizmente uma má ação também apaga. O carma é o que determinadas religiões chamam de consciência e que, de fato, regula para onde vamos. Agora, respondo à sua pergunta: aqueles que agem mal, contra as leis de Deus e, por consequência, contra as leis eternas do universo, vão aonde existam pensamentos e pessoas afins e lá, com certeza, há muito sofrimento. Esse o ensinamento dos espíritos.[1]

II – Autoridade da doutrina espírita
Controle Universal do Ensino dos Espíritos

> "Se a doutrina espírita fosse uma concepção puramente humana, não teria como garantia senão as luzes daquele que a tivesse concebido. Ora, ninguém neste mundo poderia ter a pretensão de possuir, sozinho, a verdade absoluta. Se os espíritos que a revelaram se houvessem manifestado a apenas um homem, nada lhe garantiria a origem, pois seria necessário crer sob palavra no que dissesse haver recebido os seus ensinos. Admitindo-se absoluta sinceridade de sua parte, poderia

1 Trecho do livro "*O Evangelho Segundo o Espiritismo*", de Allan Kardec.

no máximo convencer as pessoas do seu meio, e poderia fazer sectários, mas não chegaria nunca a reunir a todos.

Deus quis que a nova revelação chegasse aos homens por um meio mais rápido e mais autêntico. Eis porque encarregou os espíritos de a levarem de um polo ao outro, manifestando-se por toda parte, sem dar a ninguém o privilégio exclusivo de ouvir a sua palavra. Um homem pode ser enganado e pode enganar-se a si mesmo, mas não aconteceria assim, quando milhões veem e ouvem a mesma coisa: isto é uma garantia para cada um e para todos. Demais, pode fazer-se desaparecer um homem, mas não se faz desaparecerem as massas; podem-se queimar livros, mas não se podem queimar espíritos. Ora, queimem-se todos os livros, e a fonte da doutrina não será menos inesgotável, porque não se encontra na Terra, surge de toda parte e cada um pode captá-la. Se faltarem homens para a propagar, haverá sempre os espíritos, que atingem a todos e que ninguém pode atingir.

São realmente os próprios espíritos que fazem a propaganda, com a ajuda de inumeráveis médiuns, que eles despertam por toda parte. Se houvesse um intérprete único, por mais favorecido que esse fosse, o espiritismo estaria apenas conhecido. Esse intérprete, por sua vez, qualquer que fosse a sua categoria, provocaria a prevenção de muitos; não seria aceito por todas as nações. Os espíritos, entretanto, comunicando-se por toda parte, a todos os povos, a todas as seitas e a todos os partidos, são aceitos por todos. O espiritismo não tem nacionalidade, independe de todos os cultos particulares, não é imposto por nenhuma classe social, visto que cada um pode receber instruções de seus parentes e amigos de além-túmulo.

Era necessário que assim fosse, para que ele pudesse conclamar todos os homens à fraternidade, pois se não se colocasse em terreno neutro, teria mantido as dissensões, em lugar de apaziguá-las.

Esta universalidade do ensino dos espíritos faz a força do espiritismo, e é ao mesmo tempo a causa de sua tão rápida propagação. Enquanto a voz de um só homem, mesmo com o auxílio da imprensa, necessitaria de séculos para chegar aos ouvidos de todos, eis que milhares de vozes se fazem ouvir simultaneamente, em todos os pontos da Terra, para proclamar os mesmos princípios e os transmitir aos mais ignorantes e aos mais sábios, a fim de que ninguém seja deserdado. É uma vantagem de que não pode gozar nenhuma das doutrinas aparecidas até hoje. Se, portanto, o espiritismo é uma verdade, ele não teme nem a má vontade dos homens, nem as resoluções morais, nem as transformações físicas do globo, porque nenhuma dessas coisas pode atingir os espíritos.

Mas não é esta única vantagem que resulta dessa posição excepcional. O espiritismo ainda encontra nela uma poderosa garantia contra os cismas que poderiam ser suscitados, quer pela ambição de alguns, quer pelas contradições de certos espíritos. Essas contradições são certamente um escolho, mas carregam em si mesmas o remédio ao lado do mal.

Sabe-se que os espíritos, em consequência das suas diferenças de capacidade, estão longe de possuir individualmente toda a verdade; que não é dado a todos penetrar certos mistérios; que o seu saber é proporcional à sua depuração; que os espíritos vulgares não sabem mais do que os homens; que há, entre eles, como entre estes, presunçosos e falsos sábios, que creem saber aquilo que não sabem; sistemáticos, que tomam suas próprias ideias pela verdade; enfim, que os espíritos da ordem mais elevada, que são completamente desmaterializados, são os únicos libertos das ideias e das preocupações terrenas. Mas sabe-se também que os espíritos embusteiros não têm escrúpulos para se esconder atrás de nomes emprestados, a fim de fazerem aceitar suas utopias. Disso resulta que, para tudo o que está fora do ensino exclusivamente moral, as revelações que alguém possa obter são de caráter individual, sem autenticidade, e devem ser consideradas como opiniões pessoais deste ou daquele espírito, sendo imprudência aceitá-las e propagá-las levianamente como verdades absolutas.

O primeiro controle é, sem contradita, o da razão, ao qual é necessário submeter, sem exceção, tudo o que vem dos espíritos. Toda teoria em contradição manifesta com o bom-senso, com uma lógica rigorosa, e com os dados positivos que possuímos, por mais respeitável que seja o nome que a assine, deve ser rejeitada. Mas, esse controle é incompleto para muitos casos, em virtude da insuficiência de conhecimentos de certas pessoas, e da tendência de muitos de tomarem seu próprio juízo por único árbitro da verdade. Em tais casos, que fazem os homens que não confiam absolutamente em si mesmos? Aconselham-se com os outros, e a opinião da maioria lhes serve de guia. Assim deve ser no tocante ao ensino dos espíritos, que nos fornecem por si mesmos os meios de controle.

A concordância do ensino dos espíritos é portanto o seu melhor controle, mas é ainda necessário que ela se verifique em certas condições. A menos segura de todas é quando um médium interroga por si mesmo numerosos espíritos sobre uma questão duvidosa. É claro que, se ele está sob o império de uma obsessão, ou se tem relações com um espírito embusteiro, este espírito pode lhe dizer a mesma coisa sob nomes diferentes. Não há garantia suficiente, da mesma maneira, na concordância que se possa obter pelos médiuns de um mesmo centro, porque eles podem sofrer a mesma influência.

A única garantia segura do ensino dos espíritos está na concordância das revelações feitas espontaneamente, através de um grande número de médiuns, estranhos uns aos outros, e em diversos lugares.

Compreende-se que não se trata aqui de comunicações relativas a interesses secundários, mas das que se referem aos próprios princípios da doutrina. A experiência prova que, quando um novo princípio deve ser revelado, ele é ensinado *espontaneamente*, ao mesmo tempo, em diferentes lugares, e de maneira idêntica, senão na forma, pelo menos quanto ao fundo. Se, portanto, apraz a um espírito formular um sistema excêntrico, baseado em suas próprias ideias e fora da verdade, pode-se estar certo de que esse sistema ficará *circunscrito*, e cairá diante da unanimidade das instruções dadas por toda parte, como já mostraram numerosos exemplos. É esta unanimidade que tem posto abaixo todos os sistemas parciais surgidos na origem do espiritismo, quando cada qual explicava os fenômenos do mundo visível com o mundo invisível.

Esta é a base em que nos apoiamos para formular um princípio da doutrina. Não é por concordar ele com as nossas ideias que o damos como verdadeiro. Não nos colocamos, absolutamente, como árbitro supremo da verdade, e não dizemos a ninguém: "Crede em tal coisa, porque nós vo-la dizemos". Nossa opinião não é, aos nossos próprios olhos, mais do que uma opinião pessoal, que pode ser justa ou falsa, porque não somos mais infalíveis do que os outros. E não é também porque um princípio nos foi ensinado que o consideramos verdadeiro, mas porque ele recebeu a sanção da concordância.

Nessa posição, recebendo as comunicações de cerca de mil centros espíritas sérios, espalhados pelos mais diversos pontos do globo, estamos em condições de ver quais os princípios sobre que essa concordância se estabelece. É esta observação que nos tem guiado até hoje, e é igualmente ela que nos guiará, através dos novos campos que o espiritismo está convocado a explorar. É assim que, estudando atentamente as comunicações recebidas de diversos lugares, tanto da França como do exterior, reconhecemos, pela natureza toda especial das revelações, que há uma tendência para entrar numa nova via, e que chegou o momento de se dar um passo à frente. Essas revelações, formuladas às vezes com palavras veladas, passaram quase sempre despercebidas para muitos daqueles que as obtiveram, e muitos outros acreditaram tê-las recebido sozinhos. Tomadas isoladamente, elas seriam para nós sem valor; somente a coincidência lhes confere gravidade. Depois, quando chega o momento de publicá-las, cada um se lembrará de haver recebido instruções no mesmo sentido. É esse o movimento geral que observamos e estudamos, com a assistência dos nossos guias espirituais, e que nos ajuda a avaliar a oportunidade de fazermos uma coisa ou de nos abstermos.

Esse controle universal é uma garantia para a unidade futura do espiritismo, e anulará todas as teorias contraditórias. É nele que, no futuro, se procurará o *criterium* da verdade. O que determinou o sucesso da doutrina formulada no *Livro dos Médiuns* foi que, por toda parte, cada qual pode receber, diretamente dos espíritos, a confirmação do que eles afirmavam. Se, de todas as partes, os espíritos os contradissessem, esses livros teriam, após tão longo tempo, sofrido a sorte de todas as concepções fantásticas. O apoio mesmo da imprensa não os teria salvado do naufrágio, enquanto que, privados desse apoio, não deixaram de fazer rapidamente o seu caminho, porque tiveram o dos espíritos, cuja boa vontade compensou, com vantagem, a má vontade dos homens. Assim acontecerá com todas as ideias manadas dos espíritos ou dos homens que puderem suportar a prova desse controle, cujo poder ninguém pode contestar.

Suponhamos, portanto, que alguns espíritos queiram ditar, com qualquer título, um livro de sentido contrário; suponhamos mesmo que, com intenção hostil, e com o fim de desacreditar a doutrina, a malevolência suscitasse comunicações apócrifas. Que influência poderia ter esses escritos, se eles são desmentidos de todos os lados pelos espíritos? É da adesão desses últimos que se precisa assegurar antes de lançar um sistema em seu nome. Do sistema de um só ao sistema de todos, há a distância da unidade ao infinito. Que podem, mesmo, todos os argumentos dos detratores contra a opinião das massas, quando milhões de vozes amigas, vindas do espaço, chegam de todas as partes do universo, e no seio de cada família os repelem vivamente? A experiência já não confirmou a teoria, no tocante a este assunto? Que foi feito de todas essas publicações que deviam, segundo afirmavam, destruir o espiritismo? Qual delas conseguiu, pelo menos, deter-lhe a marcha? Até hoje não se havia consideração à questão desse ponto de vista, sem dúvida um dos mais graves: cada um c ntou consigo mesmo, sem contar com os espíritos.

O princípio da concordância é ainda uma garantia contra as alterações que, em proveito próprio, pretendessem introduzir no espiritismo as seitas que dele quisessem apoderar-se, acomodando-o à sua maneira. Quem quer que tente fazê-lo desviar de seu fim providencial fracassaria, pela bem simples razão de que os espíritos, através da universalidade dos seus ensinos, farão cair toda modificação que se afaste da verdade.

Resulta de tudo isto uma verdade capital: é que quem desejasse se atravessar na corrente de ideias estabelecida e sancionada poderia provocar uma pequena perturbação local e momentânea, mas jamais dominar o conjunto, mesmo no presente, quanto menos no futuro.

E resulta mais, que as instruções dadas pelos espíritos sobre os pontos da doutrina ainda não esclarecidos não teriam força de lei, enquanto permanecessem isolados, só devendo, por conseguinte, ser aceitas sob todas as reservas, a título de informações.

Daí a necessidade da maior prudência na sua publicação, e no caso de se julgar que devem ser publicadas, só devem ser apresentadas como opiniões individuais, mais ou menos prováveis, mas tendo, em todo o caso, necessidade de confirmação. É esta confirmação que se deve esperar, antes de apresentar um princípio como verdade absoluta, se não se quiser ser acusado de leviandade ou de credulidade irrefletida.

Os espíritos superiores procedem, nas suas revelações, com extrema prudência. Só abordam as grandes questões da doutrina de maneira gradual, à medida que a inteligência se torna apta a compreender as verdades de uma ordem mais elevada, e que as circunstâncias são propícias para a emissão de uma ideia nova. Eis porque, desde o começo, eles não disseram tudo, e nem o disseram até agora, não cedendo jamais à impaciência de pessoas muito apressadas, que desejam colher os frutos antes de amadurecerem. Seria, pois, inútil, querer antecipar o tempo marcado pela Providência para cada coisa porque então os espíritos verdadeiramente sérios se recusam positivamente a ajudar. Os espíritos levianos, porém, pouco se incomodando com a verdade, a tudo respondem. É por essa razão que, sobre todas as questões prematuras, há sempre respostas contraditórias.

Os princípios acima não são o resultado de uma teoria pessoal, mas a forçosa consequência das condições em que os espíritos se manifestam. É evidente que, se um espírito diz uma coisa num lugar, enquanto milhões dizem o contrário por toda parte, a presunção de verdade não pode estar com aquele que ficou só, e nem se aproximar da sua opinião, pois pretender que um só tenha razão, contra todos, seria tão ilógico de parte de um espírito como de parte dos homens. Os espíritos verdadeiramente sábios, quando não se sentem suficientemente esclarecidos sobre uma questão, não a resolvem jamais de maneira absoluta. Declaram tratar do assunto de

na Terra chamam de inferno, muitas pessoas nele permanecem por dezenas de anos ou mesmo séculos.

- Mas não é muita crueldade? De Deus ou do diabo? - perguntei.

- Nem de um, nem de outro. Não se esqueça de que Deus não pode contrariar as suas justas leis, caso contrário não seria Ele a suprema justiça. Por outro lado, é preciso que você entenda que o que se chama de diabo lá na Terra, nós chamamos de ignorância aqui. Só estão no umbral espíritos ignorantes que se recusam a aprender. Alguns são tão ignorantes que juram que Deus não existe e até combatem a ideia da existência Dele. Lamentavelmente, esses, ainda que temporários, são os verdadeiros diabos.

- Então, isso quer dizer que todo ateu é um diabo em potencial? - provoquei.

- Absolutamente, não. Têm ateus que somente o são porque, sensitivos demais, não conseguem concordar com as explicações simplistas desta ou daquela religião. Outros o são porque, medrosos diante da morte física e não encontrando explicações para a vida, passam ser puramente agnósticos: recusam-se a pensar no futuro, já que não podem explicá-lo. Há, também, os ateus cármicos. Estes vêm de outras encarnações absolutamente revoltados com tudo e com todos e, endurecidos, são, temporariamente, parte expressiva da ignorância e, por isso mesmo, do diabo. Como se vê, cada caso é um caso. Todavia, tem muita gente das diversas religiões que se diz crente em Deus - alguns se dizendo até espiritualistas -, mas que é pior do que os ateus que criticam. Portanto, ser diabo (ignorante) não depende ser crente ou não. É muito mais comportamental.

- E Deus, o que é? - ousei.

- Olha só! Mal saiu da grande passagem e já quer saber sobre Deus. Tem nada não. Vou lhe dar uma resposta que possa ser entendida no seu atual estágio: Deus é o criador de tudo o que existe. Vale dizer: Deus é tudo. Dele formos criados, Nele nos movemos, para Ele estamos indo e Nele estamos. Isso afirma que Deus é uno. "Eu e o Pai somos um", disse Cristo, e assim o é. Até os ignorantes ateus fazem parte de Deus sem o saber. E como Deus é vida e toda vida é movimento Deus está permanentemente criando novas criaturas, daí a diferença de evolução de cada uma delas. Umas são mais velhas e outras, mais novas e, por isso mesmo, menos experientes... Mas, todas caminham para Deus. Pode-se dizer que Deus é o Criador e a Suprema Administração do universo. No estágio atual, não podemos vê-lo, mas, com algum esforço, podemos senti-lo em todas as coisas... Nossa! De repente me dei conta: falamos demais e eu preciso deixá-lo, meu amigo. Melhor que você descanse, porque brevemente virei buscá-lo. Você já está quase totalmente recuperado.

- Por favor, Paulus, só mais uma pergunta: Vai me levar para onde?

- Para a sua casa, meu amigo. Ou você acha que vai morar na rua? Descanse, vai. Afinal, faz apenas 43 dias de sua passagem e mais tarde, teremos outras oportunidades para você conhecer mais a respeito da colônia de Santa Klaus.

Fiquei surpreso com essa revelação, porque pensava só ter dormido uma ou duas noites.

Saindo do Hospital

Passaram-se alguns dias desde que o enfermeiro Germano me avisara de que os médicos me haviam dado alta e, a qualquer momento, o meu amigo Paulus apareceria para me levar. Mesmo sendo organizado, surpreendi-me que o hospital espiritual houvesse conseguido umas malas iguaizinhas às que eu possuía na Terra. Dentro delas, havia mudas e mudas de roupas, exatamente como as que eu possuía, só que em maior número. Tudo era novo e estranho para mim, a tal ponto que fiz o jamais pensado antes: belisquei-me para saber se estava vivo. Que coisa maluca: morri e aqui estou eu... melhor e mais vivo do que nunca!

Foi em meio a essa surpresa toda que me deparei com Paulus à porta do quarto, sempre sorridente e me dizendo:

– Como é? Chega de moleza. Você teve alta e lá fora, a vida te espera...

Esperava mesmo. Foi a primeira vez, 63 dias depois do acontecido na Terra que saía daquela casa salvadora. A luz do sol era tão forte que ardia as minhas vistas acostumadas com a penumbra do quarto. Amparei-me junto ao ombro de Paulus enquanto descia a escada, absolutamente surpreso.

Lá embaixo, uma espécie de táxi do filme "Guerra nas estrelas" me esperava. Sim, porque não possuía rodas e pairava sobre o chão. Curioso, perguntei:

- Ué, espíritos não voam?

- A palavra certa é volitar - disse Paulus. É verdade, mas isso depende da evolução de cada um. Na Terra também, por exemplo, as pessoas que nadam muito bem, às vezes se utilizam de um pequeno barco ou navio, não?

Entramos no carro e o motorista, simpático, perguntou-nos o destino.

- Palm Beach - disse Paulus, provocando o meu espanto.

- Não me diga que aqui tem praia!

- Com certeza. Aqui em nada difere da Terra que você conheceu, à exceção de que somos uma colônia mais evoluída técnica e espiritualmente. Aqui não temos muitas pessoas más, como na Terra; pelo contrário, para cá só vêm as boas.

- Mas têm as más também?

- Sim, são pessoas ignorantes da existência de Deus, mas que tiveram uma existência relativamente boa na Terra e para cá são mandadas para tratamento e aprendizado, assim como você... mas não são muitas.

- Eu sou mau? - perguntei, decepcionado.

- Calma, meu amigo. Aqui, temos uma noção diferente do mal, que, para nós, significa a ignorância em relação a Deus. Neste sentido você o é, relativamente. Na sua existência na Terra, dificilmente se lembrava da sua herança espiritual, mas, mesmo assim, teve uma vida exemplar, por exemplo, não cometeu nenhum delito e até ajudou algumas pessoas, como Sarah, a sua mulher. Mas você está aqui pela soma das suas três últimas encarnações, que foram meritórias, sem dúvida.[2]

> "18 - Os laços de família não são destruídos pela reencarnação, como pensam certas pessoas. Pelo contrário, são fortalecidos e reapertados. O princípio oposto é que os destrói.
>
> Os espíritos formam, no espaço, grupos ou famílias, unidos pela afeição, pela simpatia e a semelhança de inclinações. Esses espíritos, felizes por estarem juntos, se procuram. A encarnação só os separa momentaneamente, pois que, uma vez retornando à erraticidade, se reencontram, como amigos na volta de uma viagem. Muitas vezes eles seguem juntos na encarnação, reunindo-se em uma mesma família ou em um mesmo círculo e trabalham juntos para o seu progresso comum. Se uns estão encarnados e outros não, continuarão unidos pelo pensamento. Os que estão livres velam pelos que estão cativos, os mais adiantados procurando fazer progredir os retardatários. Após cada existência, terão dado mais um passo na senda da perfeição.
>
> Cada vez menos apegados à matéria, seu afeto é mais vivo, por isso mesmo mais purificado, não perturbado pelo egoísmo nem obscurecido pelas paixões. Assim, eles poderiam percorrer um número ilimitado de existências corporais, sem que nenhum acidente perturbe sua afeição comum.

---

[2] Os laços de família são fortalecidos pela reencarnação e rompidos pela unicidade da existência (Trecho do livro "*O Evangelho Segundo o Espiritismo*", de Allan Kardec).

Estenda-se bem que se trata aqui da verdadeira afeição espiritual, de alma para alma, a única que sobrevive à destruição do corpo, pois os seres que se unem na Terra apenas pelos sentidos não têm nenhum motivo para se preocuparem no mundo dos espíritos. Só são duráveis as afeições espirituais. As afeições carnais extinguem-se com a causa que as provocou; ora, essa causa deixa de existir no mundo dos espíritos, enquanto a alma sempre existe. Quanto às pessoas que se unem somente por interesse, nada são realmente uma para outra: a morte as separa na Terra e no céu.

19 - A união e a afeição entre parentes indicam a simpatia anterior que as aproximou. Por isso, diz-se de uma pessoa cujo caráter, cujos gostos e inclinações nada têm em comum com os dos parentes que ela não pertence à família. Dizendo isso, enuncia-se uma verdade maior do que se pensa. Deus permite essas encarnações de espíritos antipáticos ou estranhos nas famílias com a dupla finalidade de servirem de provas para uns e de meio de progresso para outros. Os maus se melhoram pouco a pouco ao contato dos bons e pelas atenções que deles recebem; seu caráter se abranda, seus costumes se depuram, as antipatias desaparecem. É assim que se produz a fusão das diversas categorias de espíritos, como se faz na Terra entre as raças e os povos.

20 - O medo do aumento indefinido da parentela, em consequência da reencarnação, é um medo egoísta, provando que não se possui uma capacidade de amor suficientemente ampla para abranger um grande número de pessoas. Um pai que tem numerosos filhos por acaso os amaria menos do que se tivesse apenas um? Mas que os egoístas se tranquilizem, pois esse

medo não tem fundamento. Do fato de ter um homem dez encarnações, não se segue que tenha de encontrar no mundo dos espíritos dez mães, dez esposas e um número proporcional de filhos e novos parentes. Ele sempre encontrará os mesmos que foram objetos de sua afeição, que lhe estiveram ligados na Terra por diversas maneiras, e talvez pelas mesmas maneiras.

21 - Vejamos agora as consequências da doutrina antirreencarnacionista. Esta doutrina exclui necessariamente a preexistência da alma, e as almas sendo criadas ao mesmo tempo em que os corpos, não existe entre elas nenhuma ligação anterior. São, pois, completamente estranhas umas às outras. O pai é estranho para o filho, e a união das famílias fica assim reduzida unicamente à filiação corporal, sem nenhuma ligação espiritual. Não haverá, portanto, nenhum motivo de vanglória por se terem entre os antepassados alguns personagens ilustres. Com a reencarnação, antepassados e descendentes podem ser conhecidos, ter vivido juntos, ter se amado, e mais tarde se reunirem de novo para estreitar os seus laços de simpatia.

22 - Isso no tocante ao passado. Quanto ao futuro, segundo os dogmas fundamentais que decorrem do princípio antirreencarnacionista, a sorte das almas está irrevogavelmente fixada após uma única existência. Essa fixação definitiva da sorte implica a negação de todo o progresso, pois se há algum progresso, não pode haver fixação definitiva da sorte. Segundo tenham elas bem ou mal vivido, vão imediatamente para a morada dos bem-aventurados ou para o inferno eterno. Ficam assim imediatamente separadas para sempre, sem esperanças de jamais se reunirem, de tal maneira que pais, mães e filhos, maridos e esposas, irmãos e amigos não

têm nunca a certeza de se reverem: é a mais absoluta ruptura dos laços de família.

Com a reencarnação, e o progresso que lhe é consequente, todos os que se amam se encontram na Terra e no espaço, e juntos gravitam para Deus. Se há os que fracassam no caminho, retardam o seu adiantamento e a sua felicidade. Mas nem por isso as esperanças estão perdidas. Ajudados, encorajados e amparados pelos que os amam, sairão um dia do atoleiro em que caíram. Com a reencarnação, enfim, há perpétua solidariedade entre os encarnados e os desencarnados, do que resulta o estreitamento dos laços de afeição.

23 - Em resumo, quatro alternativas apresentam-se ao homem para o seu futuro de além-túmulo: o nada, segundo a doutrina materialista; a absorção no todo universal, segundo a doutrina panteísta; a conservação da individualidade, com fixação definitiva da sorte, segundo a doutrina da Igreja; a conservação da individualidade, com o progresso infinito, segundo a doutrina espírita. De acordo com as duas primeiras, os laços de família são rompidos pela morte e não há nenhuma esperança de se reencontrarem; com a terceira, há possibilidade de se reverem, contanto que esteja no mesmo meio, podendo esse meio ser o inferno ou o paraíso; com a pluralidade das existências, que é inseparável do progresso gradual, existe a certeza da continuidade das relações entre os que se amam, e é isso o que constitui a verdadeira família."

Era demasiada informação para Ric Velocity, que jamais havia pensado em outras vidas. De família da Igreja Batista, o máximo que se permitia, quando vivo, era pedir proteção a

Cristo em algumas horas de necessidade. Só. E agora ficava sabendo que tinha tido várias vidas antes dessa.

– Mas por que morri tão cedo?

O carro ia andando e Paulus não se furtou à minha pergunta.

– Não existe um porquê definido. Na Terra ou em qualquer dos mundos de Deus, as pessoas nascem para viver o máximo possível, para serem longevas e dessa longevidade, extraírem o máximo de experiências possíveis. Todavia, como Deus é sábio e justo, somos nós mesmos que, em espírito, tomamos as rédeas de nossas próprias vidas. Assim sendo, a nossa longevidade nas diversas vidas depende de duas coisas: nosso carma pessoal e o carma das pessoas que compõem a nossa humanidade. Vale dizer que o desenvolvimento da ciência se torna imperioso para o combate às doenças.

– Mas o que isso tem a ver com acidentes como o meu?

– Tudo. Porque tal acidente só ocorreu porque você achava que sabia toda a técnica de um salto tríplice...

– E não sabia?

– Em parte, sim. Em parte, não. Na sua jovialidade, após ter dado tantos saltos mortais com sucesso, achou que não precisava mais se concentrar... daí o acidente que lhe foi fatal.

– Quer dizer que não existe a morte predeterminada?

– Em alguns casos, sim. Em outros, não. O espírito que, por exemplo, como você, por imprudência teve a sua vida bruscamente interrompida, não raro, pede para voltar a fim de completar a sua existência. No entanto, a grande maioria das mortes prematuras ou por doença só acontece porque a ciência é tão atrasada que só trata do corpo, esquecendo-se de que tudo se origina no espírito e ignorando que todo mal começa no espírito. Tudo é psicossomático. Lá na Terra, por exemplo, alguns que se proclamam cientistas afirmam-se ateus. Ora, como a ciência pode progredir ignorando o Grande Arquiteto do Universo, o maior de todos os cientistas?! Ignorando a Deus?!

Chegando ao Destino

O carro estacionou em frente a um prédio velho, porém limpo. Desci com minhas malas de roupa pensando que Paulus ia subir comigo. Foi aí que ele me disse que eu deveria subir e procurar Linch no apartamento 102.

Meio que desamparado, ainda insisti para que ele subisse, no entanto Paulus me disse que sempre que precisasse da sua presença, avisasse a Linch, que era gente de confiança e sabia como achá-lo.

– Agora, amigo Ric, você teve alta e precisa viver a sua própria vida.

Agradecido e sorrindo amarelo, despedi-me de Paulus e subi os degraus que davam acesso ao primeiro andar do prédio.

Um pouco nervoso, sem saber o que ia encontrar, bati à porta. Minutos depois, atendeu uma senhora que me despertou rubor na face. Afinal, queria falar com Linch, um homem.

– Sou Linch – disse a mulher, e abriu-me um largo sorriso.

Confesso que entrei meio envergonhado, enquanto a mulher me explicava que conhecia a minha mãe de outras vidas e que a pedido dela, aceitara receber-me em sua casa.

– Ué, por que não fui morar com a minha própria mãe?

– Porque a sua mãe está em um plano bem mais elevado do que o nosso e lá, você ainda não tem condições de ir... Mas não se preocupe: tão logo possa, ela virá visitá-lo.

Arrumei minhas malas no armário do amplo quarto que Linch havia me dado, e antes mesmo eu saísse, ela apareceu na porta com um copo de suco de laranja.

Confesso a minha surpresa:

– Não sabia que os espíritos se alimentavam e não me diga que aqui no céu também tem laranja? Estou surpreso também com as minhas roupas coloridas. Pra mim, fantasma só vestia branco...

Linch riu muito antes de me responder:

– É natural que você esteja surpreso, meu amigo, mas deixe-me dizer-lhe que você não está no céu; apenas em uma colônia espiritual de recuperação sobre o território dos Estados Unidos. Por outro lado, é verdade que a alimentação dos espíritos varia de acordo com o nível de cada um. Quanto mais evoluído, mais rarefeita é a sua alimentação. Quanto à roupa, devo lhe dizer que somos pessoas em plano mais evoluído e diferente do plano terrestre, e não fantasmas, como você disse. Ora, se somos pessoas mais evoluídas do que as da Terra, não seria pouco imaginoso que vivêssemos só de branco?

– Isso lá é verdade... Mas uma coisa atiça a minha curiosidade: você é mulher e eu sou um homem... Então, espírito tem sexo?

– Temos nossas preferências de ser – respondeu-me Linch. Afinal, temos o nosso lado feminino e masculino. Acontece que logo depois de desencarnarmos, assumimos o lado sexual de que mais gostamos, por isso sou mulher e você é homem, o que não quer dizer que tenhamos procriação por aqui.

– Mas então, existe relacionamento afetivo e sexual na vida espiritual?

– De uma maneira diferente da Terra e, obviamente, muito mais amorosa e prazerosa. Isto porque na Terra, o sexo é fundamental para a perpetuação da espécie. Aqui, quando duas pessoas se amam, entregam-se mutuamente em uma relação de amor muito mais sincera. Podem ter, e frequentemente têm, momentos de amor de entrega íntima que podem ser comparados às relações terrenas, todavia são mais completos. Assim lhe respondo que quanto mais elevado é o ser, mais amor ele possui e menos instintivo ele é. Todavia, nas esferas inferiores, que alguns desavisados chamam de inferno e nós aqui chamamos de umbral, frequentemente se veem verdadeiras orgias sexuais, completamente desprovidas de sentimentos. Isto porque os infelizes que lá habitam ainda pensam que vivem na Terra e não são capazes de enxergar outra fonte de liberação de energia que não essa. Nada temos contra o ato sexual em si, mesmo quando este é realizado só pelo prazer que proporciona. No entanto, tudo temos contra esse mesmo ato quando mecanicamente realizado, sem um mínimo de afeto e respeito pelo outro, que se torna simplesmente objeto e pode ser jogado fora depois.

– Quer dizer que o sexo só deve ser feito quando houver amor?

– Não necessariamente. Caso assim fosse, limitar-se-ia muito a multiplicação dos seres e até a possibilidade do surgimento do amor. O sexo é o componente atrativo que une o homem e já mulher, e somente a união pode procriar e criar. Assim sendo por ser uma força de atração tão grande, por várias vezes pessoas afins têm relação por desejo e atração. Havendo afinidade, consentimento e respeito mútuos, essas pessoas não erram. Mesmo que se relacionem uma vez só. O erro está na relação irresponsável, tal como o estupro lá na Terra e demais práticas sexuais contra a vontade do parceiro.

– Não esperava que essa nossa primeira conversa fosse tão franca, mas já que está sendo, Linch, permita-me perguntar-lhe sobre as pessoas que lá na Terra vivem profissionalmente do sexo, como as prostitutas, por exemplo...

– Se Cristo protegeu a prostituta que ia ser morta pela multidão, mandando que atirasse a primeira pedra aquele que nunca tivesse pecado, não sou eu que vou condená-las...

– Então, é por isso que conheci na Terra algumas prostitutas felizes e mais sábias do que outras?

– Com certeza, até porque nem todas estão ali por carma. Algumas estão cumprindo a missão de elevar as outras e, vivendo de forma tão difícil, acrescentam o valor da humildade às suas próprias vidas. Agora você descansa – disse-me ela, sorrindo e fechando a porta do quarto.

Exausto, caí na cama e "desmaiei". Afinal, era muita informação para um só dia... Fiquei um tempo olhando para o céu da janela do meu quarto e admirando a sua cloração azul, muito mais intensa do que na Terra.

Soprava uma brisa gostosa, e o sono foi me batendo. Pela primeira vez desde o acontecido, sentia-me tranquilo.[3]

---

[3] Ajuda-te e o céu te ajudará (Trecho do livro "*O Evangelho segundo o Espiritismo*", de Allan Kardec).

"1 - *Pedi e dar-se-vos-á, buscai e achareis; batei e abrir-se-vos-á. Porque todo o que pede recebe; e o que busca acha; e a quem bate abrir-se-á. Ou qual de vós, porventura, é o homem que, se seu filho lhe pedir pão, lhe dará uma pedra? Ou, porventura, se lhe pedir um peixe, lhe dará uma serpente? Pois se vós outros, sendo maus, sabeis dar boas dádivas a vossos filhos, quanto mais vosso Pai, que está nos céus, dará boas dádivas aos que lhas pedirem. (Mateus, VII: 7-11).*

2 - Segundo o modo de ver terreno, a máxima *Buscai e achareis é* semelhante a esta outra: *Ajuda-te e o céu te ajudará.* É o princípio da lei do trabalho, e por conseguinte, da lei do progresso. Porque o progresso é o produto do trabalho, desde que é este que põe em ação as forças da inteligência.

Na infância da humanidade, o homem só aplica a sua inteligência na procura de alimentos, dos meios de se preservar das intempéries e de se defender dos inimigos. Mas Deus lhe deu, a mais do que ao animal, o desejo constante de melhorar, ou seja, essa aspiração do melhor, que o impele à pesquisa dos meios de melhorar a sua situação, levando-o às descobertas, às invenções, ao aperfeiçoamento da ciência, pois é a ciência que lhe proporciona o que lhe falta. Graças às suas pesquisas, sua inteligência se desenvolve, sua moral se depura. Às necessidades do corpo sucedem as necessidades do espírito: após o alimento material, ele necessita do alimento espiritual. É assim que o homem passa da selvageria à civilização.

Mas o progresso que cada homem realiza individualmente, durante a vida terrena, é coisa insignificante, e em um grande número deles, até mesmo imperceptível. Como, então, a humanidade poderia progredir, sem a preexistência e a reexistência da alma? Se as almas deixassem a Terra todos os dias para não mais voltar a humanidade se renovaria sem cessar com as entidades primitivas, que teriam tudo a fazer e tudo a aprender. Não haveria razão, portanto, para que o homem de hoje fosse mais adiantado que o dos primeiros tempos do mundo, pois que, para cada nascimento, o trabalho intelectual teria de recomeçar. A alma voltando, ao contrário, com o seu progresso já realizado, e adquirindo de cada vez alguma experiência a mais, vai assim passando gradualmente da barbárie à civilização material, e desta à civilização moral. (Cap. IV, nº 17).

3 - Se Deus tivesse liberado o homem do trabalho físico, seus membros seriam atrofiados; se o livrasse do trabalho intelectual, seu espírito permaneceria na infância, nas condições instintivas do animal. Eis porque ele fez do trabalho uma necessidade e lhe disse: *Busca e acharás; trabalha e produzirás*; e dessa maneira serás filho das tuas obras, terás o mérito da sua realização, e serás recompensado segundo o que tiveres feito.

4 - É em virtude da aplicação desse princípio que os espíritos não vêm poupar ao homem o seu trabalho de pesquisar, trazendo-lhe descobertas e invenções já feitas e prontas para a utilização, de maneira a só ter que tomá-las nas mãos, sem sequer o incômodo de um pequeno esforço, nem mesmo de pensar. Se assim fosse, o mais preguiçoso poderia enriquecer-se e o mais ignorante, tornar-se sábio, ambos sem nenhum esforço, e atribuindo-se o mérito do que não haviam feito. Não, os *espíritos não vêm livrar o homem da lei do trabalho, mas mostrar-lhe o alvo que deve atingir e a rota que leva a ele, dizendo: Marcha e o atingirás! Encontrarás pedras nos teus passos; mantém-te vigilante e afasta-as por*

> *ti mesmo! Nós te daremos a força necessária, se quiseres empregá-la.* ("*O Livro dos Médiuns*", cap. XXVI, nº 291 e segs.).
>
> 5 - Segundo a compreensão moral, essas palavras de Jesus significam o seguinte: Pedi a luz que deve clarear o vosso caminho, e ela vos será dada; pedi a força de resistir ao mal, e a tereis; pedi a assistência dos bons espíritos, e eles virão ajudar-vos, e como o anjo de Tobias, vos servirão de guias; pedi bons conselhos, e jamais vos serão recusados; batei à nossa porta, e ela vos será aberta; mas pedi sinceramente, com fé, fervor e confiança; apresentai-vos com humildade e não com arrogância, sem o que sereis abandonados às vossas próprias forças, e as próprias quedas que sofrerdes constituirão a punição do vosso orgulho.
>
> É esse o sentido dessas palavras de Cristo: *Buscai e achareis, batei e abrir-se-vos-á.*"

Acordei ainda de madrugada e com o cantar do galo. Voltou-me aquela sensação de que poderia ter ficado maluco. Logo raciocinei: ora, se estou aqui, por que não os bichos também? Ainda assim, desconfiado, enquanto tomava o café da manhã, perguntei a Linch sobre os animais e tive a confirmação, em parte, da minha teoria:

- São poucos animais por aqui, e estão sempre de passagem. Quando morrem lá na Terra, na maioria das vezes reencarnam em uma espécie igual ou similar, sendo conduzidos pelos espíritos da natureza quase que imediatamente para nova encarnação. No entanto, vez por outra, um desses pequeninos é requisitado para estudos na nossa Escola da Natureza. Foi o caso desse galo que você ouviu. Aqui, só demoram o suficiente para estudos e voltam logo a reencarnar.

Nove dias haviam se passado desde a minha chegada ao apartamento de Linch e, ao longo desse tempo, havia tido muitas boas conversas com ela. Mas não aguentava mais tanto tempo à toa e estava louco de vontade de trabalhar. Por isso, exultei quando soube por Linch que meu tempo de descanso havia passado e que iria começar, no dia seguinte, a trabalhar na Escola da Natureza.

A Escola da Natureza

Mal dormi na noite anterior, tal a excitação com a ideia de que, finalmente, ia começar a trabalhar em alguma coisa. Com certa apreensão, vi as enormes escadarias da imponente casa que serve de sede à Escola da Natureza.

Dirigi-me à portaria e dei meu nome de batismo da última encarnação: Richard Scot Blain.

– Perfeitamente – disse o funcionário, e logo me foi dando um crachá que, para minha surpresa, tinha até a minha foto.

– Procure Mrs. Ann no 3º andar.

Foi exatamente o que fiz. Mrs. Ann aparentava uns 60 anos, negra como eu e com os olhos mais bonitos que jamais vira. Voz mansa e pausada, foi me explicando os afazeres. Para um ex-acrobata de circo, o mínimo que poderia imaginar seria algum trabalho braçal. Mas não era. Pelo contrário: havia uma espécie de computador. Digo espécie porque era muito mais completo e moderno do que os mais modernos da Terra, e era a com ele que eu teria de trabalhar, catalogando os tipos de vida animal em um determinado sítio de uma floresta terrestre, acrescentando sugestões para a melhoria desses tipos de vida.

– Mas isso é genética – exclamei.

E obtive a confirmação de Mrs. Ann:

– Não deixa de ser – disse –, todavia a sua opinião, embora importante, não será utilizada imediatamente. Não. Como você, temos pelo menos 50 pessoas que estudam as formas animais nesta região florestal da Terra e têm o trabalho de opinar por suas melhorias.

Passado o entusiasmo dos primeiros dias, comecei achando um despropósito esse meu serviço, afinal eu tinha sido um atleta e ainda preservava um corpo musculoso e jovem no meu perispírito. Poxa! Eu queria ter atividade e lá ficava catalogando borboletas e outros animaizinhos, juntando depois algumas ideias que, provavelmente, jamais seriam aproveitadas...

Estava absorto nesses pensamentos quando Mrs. Ann, como se os estivesse lendo, explicou-me:

– Tudo ao seu tempo. Até concordo que existem funções mais dinâmicas, mas jamais se esqueça de que aqui na colônia, todas as funções são importantes. Na Terra, você foi um atleta e aqui, você está aprendendo a pensar nas pequenas coisas, além de ter paciência. Pode deixar que no devido tempo, os seus músculos serão aproveitados...

Daquele dia em diante, parei de reclamar. Fazia a minha função diária com alegria e depois do serviço, fazia novas amizades. Perto da minha casa com Linch, existe uma espécie de *Shopping Center* do Céu que é um encanto. Na prática, porém em ponto menor, em tudo se parece com os grandes *shoppings* que existem nas grandes cidades terrenas atualmente.

Só assim vou aprendendo como se vive aqui em Saint Klaus. Não há dinheiro, mas todos nós recebemos o bônus-trabalho, que funciona mais ou menos como um cartão de crédito. Podemos gastar de acordo com o que produzimos. Sempre é uma boa diversão. Lá conheci outras pessoas como a Laura, Ann, Tilly... Enfim, uma turma das melhores. Foi lá que aprendi que cada um recebe segundo a sua necessidade. Nos planos mais elevados, o tipo de lazer e alimentação difere muito do que tenho aqui, em tudo semelhante aos da Terra. Mas, tudo é questão de estágio.

Por isso mesmo, adoro uma taça de Splint, semelhante ao chopinho da Terra, que nos deixa alegres, mas sem os inconvenientes do álcool. Como é que pode?! Às vezes, me pergunto ainda... Mas é assim mesmo. Afinal, continuamos a viver, trabalhando e nos adaptando ao novo mundo, tal qual acontece na Terra.

De fato, este mundo nada tem de novo É tal e qual acontece há milênios com todas as pessoas que fizeram a passagem: tratamento, recuperação trabalho e dedicação aos outros. Não posso deixar de dizer que aqui em Saint Klaus, somos muito mais religiosos do que aí em baixo. Isto porque caíram os véus de ilusão que nos impediam de ver o Cristo e toda a dimensão da obra do Pai. A vida aqui, para quem na Terra perseverou no bem, em tudo e por tudo é absolutamente compensadora.

Mas, o mesmo não podemos dizer daqueles que perseveraram no mal. Infelizmente, tais pessoas não têm a mesma sorte: nada de descanso, nada de aprendizado, nada de bons amigos... Muita gente, sem entender direito, imagina que isso seja crueldade de Deus. Não é. Deus é justo e nos fez a todos começando do zero para o aprendizado. Por isso, uns são mais sábios e outros, mais ignorantes. E, com certeza, todos nós fomos ignorantes um dia, a tal ponto que, lamentavelmente, perseverarmos nessa ignorância.

O que fazer, se temos o livre-arbítrio? Esperar até que a alma ignorante se dê condições de aprender um pouco mais e sair da ignorância, e consequentemente, do sofrimento.

Tais eram as conversas que tinha entre um trabalho e outro na Escola da Natureza. Por esses papos descontraídos, ia me dando conta de tudo o que acontece com o ser humano, desencarnado ou não.

Três meses da Terra haviam se passado desde que se iniciara aquele trabalho. Esforçava-me catalogando e opinando sobre as espécies animais, mas no fundo, no fundo, andava frustrado porque gostaria de estar tratando de gente e não de animais.

Foi isso o que eu disse a Linch naquele dia quando voltei para casa. Ela me olhou com a sabedoria de sempre, nada disse e apenas apontou para um papel em cima da mesa. Ansioso, peguei a carta de Paulus. Nela, ele me explicava que era muito importante que eu ficasse na Escola da Natureza por mais três meses, já que, depois desse tempo, provavelmente teria licença para mudar de emprego.

Fiquei muito feliz coma notícia e, por isso mesmo, parece que aqueles três meses passaram como se fossem três minutos. Na verdade, já estava no meio do quarto mês quando Linch me deu a notícia de que Mr. Voice queria me ver.

Tremi. Era o chefão, e devido a esse estranho nome, achava que devia ser uma pessoa muito difícil. Por isso mesmo, suava muito na sala de espera.

Após uns 15 minutos de espera que me pareceram uma eternidade, o próprio Mr. Voice surgiu, botando a mão em meu ombro e pedindo desculpas pelo atraso. Era um homem de estatura baixa, mas troncudo. Forte mesmo. Aparentava ter uns 40 anos e tinha a fala muito firme.

À medida que conversávamos, minhas preocupações foram se dissipando. Mr. Voice, como que adivinhando meu pensamento, explicou-me que seu estranho nome fora dado há muitos séculos, aqui na Terra, por sua mãe cigana, impressionada com a fortaleza de sua voz.

- E ficou - disse-me ele.

Fui, então, reparar que apesar de meiga, sua voz era mesmo muito forte. Até me ocorreu uma piada que, naturalmente, não ousei falar: bem que podia se chamar Trovão.

Desde o dia dessa explicação, passaram-se seis meses e eu já havia desistido da ideia de sair. Na verdade, pensava que Mr. Voice tinha me "enrolado".

Foi de volta para casa, andando com o meu colega Edwald, que vim a saber da minha transferência para trabalhar com os irmãos que regatavam almas junto do umbral. Exultei! Mas seria verdade? Era tudo que queria, e lá estava eu, sabendo dessa possibilidade oficiosamente, por um colega que "ouvira falar"...

E não deu outra. No dia seguinte, Mr. Voice confirmava a notícia, dizendo que eu partisse no aeróbus - veículo que em muito se assemelha aos carros mais silenciosos da Terra, com a diferença que o seu motor é movido magneticamente, ou seja, por meio do poder do pensamento - das 8 da noite. Fiquei tão excitado que quase me esqueci de me despedir de Linch. Não fosse a lembrança de Edwald e eu "dançaria" nessa. Com o tempo contado, fui até o apartamento no qual tinha vivido os últimos seis meses da minha "vida espiritual".

Como se já adivinhasse, lá estava ela a me esperar. Contente porque seria uma nova etapa para mil, mas, ao mesmo tempo, triste, pela minha partida.

- Não gosto de despedidas - disse Linch, tentando esconder as lágrimas nos olhos.

E completou:

- Mas é só por algum tempo, meu amigo. Que Deus esteja conosco.

Abracei-a com força da minha emoção e lhe disse, com voz trêmula e embargada:

- Muito obrigada, querida irmã...

Uma Nova Estrada...

O tempo em que trabalhei na Escola da Natureza, hoje eu sei, serviu-me para aguçar a paciência e a humildade. Até porque quando morri a Terra, julgava-me um astro jovem e bonito e, por isso mesmo, acreditava ser a minha vocação o brilho dos holofotes.

Assim sendo, mesmo na colônia espiritual, não conseguia entender como uma estrela como eu, um homem de ação, havia sido destinado a um serviço tão burocrático, como catalogar e opinar sobre a vida animal.

O que minha pretensão e juventude não me deixavam saber é que os longos meses que ali passei serviriam para demonstrar a importância de todos os animais como filhos da natureza e, por consequente, filhos de Deus e não tão somente a importância do homem.

Hoje, seis anos passados da minha saída da Escola da Natureza, consigo ter a perspectiva correta do que aconteceu. Mas vou recuar no tempo para contar a minha chegada ao "Save Control", lugar em que iria trabalhar no resgate de irmãos sofredores.

Essa pequena colônia fica no espaço dos Estados Unidos, exatamente sobre Salt Lake City, e atende a uma ampla faixa de irmãozinhos ignorantes que penam no umbral daquela região.

Logo que cheguei, fui recebido por Arch, um jovem rapaz que já sabia da minha ida para lá conduzido que fui por Ariel, por muitos tido como anjo na Terra e que, de fato, é a pessoa encarregada do transporte de espíritos e novas ideias para Save Control. Lembro-me de que levei alguns poucos pertences e, como foi a primeira vez que volitei por tão grande distância, cheguei bastante cansado e, depois das apresentações, fui logo dormir no meu novo quarto.

Acordei de manhã cedinho e pus-me logo de pé. Arch acompanhou-me no café da manhã.

- Os espíritos sempre se alimentam? - perguntei.

- Não. Quanto mais evoluídos, o que não é o nosso caso, mais prescindem de alimentos. Nesse estágio, a maioria movimenta-se com a energia de Deus no espaço. Aqui nada se deteriora. Todavia, nós ambos somos pequeninos e por isso mesmo, nosso tipo de alimentação e muito parecido com o que os encarnados têm na Terra. Claro que a nossa é mais perfeita e por isso mesmo, menos deficiente.

- Fale-me dessa nossa colônia.

E foi assim, após o café da manhã, que Arch se dispôs a me mostrar Save Control. Pequena, tem uma população flutuante de umas três mil pessoas e paira no ar como se fosse em cima de uma nuvem.

Muralhas altas de defesa a separam das regiões do umbral, de onde volta e meia alguns irmãos ensandecidos pela ignorância tentam nos atacar e são repelidos pela força da soma de nossos pensamentos positivos, que acabam por tornar toda a colônia invisível. As muralhas somente existem para que haja, de fato, uma separação entre aqueles que lutam pela sabedoria e aqueles que ainda estão nas trevas da ignorância.

A Save Control é bonita, move-se juntamente coma rotação da Terra e por isso mesmo, tem dias e noites. É composta de três edificações centrais: um templo, um hospital e a administração, que também abriga os quartos de seus moradores. Cercada de jardins entrecortados por alamedas, temos a impressão de que estamos na Terra, não fosse a vegetação mais colorida e mais bonita e a exuberância das noites e dos dias, porque ela está no espaço mais rarefeito.

- Estando tão próximo do umbral, não existe risco de sermos atacados por maus espíritos? - perguntei a Deodato, um português que viveu desde criança nos Estados Unidos e, por isso mesmo, só sabia falar inglês, apesar do estranho nome.

- Meu amigo - disse-me Deodato -, primeiro o que você chama de espírito mau, nós aqui chamamos de espírito ignorante, mas você tem razão: tivessem condições nos atacariam. Mas como você observou, a Save Control não tem muralhas, porque trabalhamos em uma vibração tão tênue e tão mais sutil do que a dos irmãozinhos ignorantes, que simplesmente eles não conseguem nos ver. O mundo dos espíritos está cheio vibrações diferentes, e cada um sintoniza apenas aquela que lhe é igual. Sabemos de algumas colônias que são visíveis aos habitantes do umbral, isso de forma intencional para que os mais recalcitrantes saibam que Deus existe, ou pelo menos reconheçam a existência de uma força superior.

- Mas essas colônias são atacadas?

- Na verdade espíritos muito endurecidos tentam a toda hora atacá-las, mas os espíritos dessas colônias possuem uma espécie de arma que os deixa paralisados por um certo tempo. E isso tem sido o suficiente para repeli-los.

- Mas não é cruel?

- Meu caro Ric, você ainda tem muito o que aprender. Na Terra, eventualmente, o paciente de terapia não recebe um tratamento de choque? Ora, não é o psiquiatra que o aplica que é mau, mas sim a confusão estabelecida pela própria mente perturbada, que o obriga a tal tratamento.

- No entanto, Deodato, por que isso não acontece aqui, por que não temos armas de raios paralisantes como essas outras colônias?

- Porque estamos em uma vibração mais alta e, consequentemente, com um tipo de terapia de resgate mais elevada... E olha que são poucas as colônias como a nossa perto da crosta terrestre.

- O que isso significa?

- Menos sofrimento para quem é resgatado do umbral, que, como você sabe, é o lugar para onde vão os espíritos equivocados em seus próprios julgamentos, e alguns até recalcitrantes.

- Isso não é privilegiar algumas almas em detrimento de outras?

- Não. Porque as colônias como a nossa geralmente estão em locais nos quais existem espíritos não demasiado ignorantes e já predispostos a escutar a palavra do Senhor e a serem resgatados. Na verdade, é uma questão de merecimento. Como a nossa colônia é móvel, ela se desloca no espaço de acordo com o merecimento de cada grupo.

Dois Anos Depois...

Todo esse tempo trabalhei e continuo trabalhando na colônia Save Control. Perdi a conta do número de vezes que fui ao umbral na tentativa de resgatar algumas do sofrimento. Digo que são tentativas porque, infelizmente, nem sempre a nossa expedição logra sucesso Lembrem-se de que no umbral, nós, espíritos esclarecidos, somos por muitos considerados intrusos. Por isso mesmo nos fazemos invisíveis a muitos deles – os piores –, o que para nós é muito simples.

Na verdade, é supernatural, uma vez que a nossa vibração é muito mais sutil do que a dos umbralinos. Estes não conseguem captar a nossa presença, a não ser que deixemos, mas a condição primeira para nos perceberem é, sem dúvida, um profundo arrependimento dos erros do passado e a vontade de melhorar.

Ainda hoje me lembro da minha primeira ida ao umbral...

Fomos em um pequeno aeróbus.

Mesmo estando protegido, o simples fato de me saber prestes a ver espíritos sofredores e seus algozes, espíritos tão inferiores e maus que podem mesmo ser considerados verdadeiros diabos, disparou meu coração, tamanha a minha ansiedade.

Passamos uma semana nas regiões umbralinas, invisíveis para a maioria. Todavia, o triste espetáculo, hoje tão comum aos meus olhos, na primeira vez me deixou estarrecido: o céu é profundamente escuro e a região é formada de rochas inóspitas e lodo, muito lodo.

Muitas são essas almas, vivendo por anos, algumas por séculos, nesse verdadeiro inferno em que elas mesmas se jogaram, muito próximo do que foi retratado na famosa tela de Sandro Botticelli "O inferno de Dante". Nele vemos de tudo: pessoas agonizando como se ainda tivessem as doenças físicas que as levaram ao túmulo; outras, alcoólatras, plasmando bebidas e literalmente bêbadas; espíritos de traficantes viciando espíritos de toxicômanos plasmando maconha, cocaína, heroína e algumas substâncias tóxicas ainda mais poderosas e desconhecidas na Terra.

As velhas guerras do crime, assassinatos, torturas, injustiças acontecem aqui na mesma escala da Terra, com os coitados pensando que estão matando e sendo mortos, sentindo todas as dores. Os viciados no sexo desregrado entregues a verdadeiros bacanais que lhes vão consumindo as forças e, a cada exagero, embotando-lhes as mentes mais e mais.

Alguns retrocedem tanto que são transformados em bolas escuras, disformes, nas quais por anos ou séculos, desaparece a consciência para só dar lugar ao mal, ao negativismo, como se fossem miasmas a espargir a maldade àqueles coitados que ainda não chegaram a tal declínio,

Tais espíritos voltarão um dia a poder pensar e se entender como ser, mas quando é assim, passam séculos e mais séculos em sofrimento, o que deu ao homem da Terra a falsa ideia de um diabo e um inferno eternos.

É deprimente, há muito sofrimento e um cheiro insuportável de enxofre. Mas nós, servidores do bem e para muitos tidos como anjos, fazemos o trabalho pesado do resgate Em meio a esse inferno, alguns já pagaram o que deviam, voltando chorando para si mesmos e, num sinal claro de arrependimento, clamam a Deus para de lá saírem.

Essa é a nossa única possibilidade. Quando tal não acontece, rezamos imperceptíveis junto ao irmão que está sofrendo e conseguimos, mesmo que temporariamente, abrandar-lhe o sofrimento. No entanto, o nosso coração enche-se de júbilo quando um irmãozinho desses, arrependido, pede a Deus a nossa intervenção. Aí, nós temos permissão de tirar esse espírito do umbral, transportá-lo no aeróbus e levá-lo para um longo tratamento em nossa colônia. No dia em que isso é possível, todos os anjos do céu entoam cânticos de louvor ao Altíssimo: uma alma se salvou.

Hoje, tantos anos passados da minha morte na Terra, sou grato a Deus por todo esse trabalho e, embora ainda sofra toda vez que vou ao umbral e vejo nossos irmãozinhos sofredores, mais agradecido fico pela oportunidade de, vez por outra, tirar alguém de lá.

Uma coisa me deixa feliz: depois que uma pessoa sai do umbral, dificilmente ela retorna. Precisaria uma outra encarnação, desaprendendo tudo o que aprendeu na sua recuperação, para que lá voltasse a sofrer. Embora existam casos, estes são raríssimos, e esta possibilidade nos convida à vigilância de nossos atos. Não basta aprender: é preciso praticar a solidariedade.

Deixando Save Control

Após tanto tempo, já estava acostumado à minha rotina e julgava ficar ali à borda do umbral por muitos anos. Por isso mesmo, em um dia mais cinzento do que o habitual, ao regressar para casa causou-me surpresa a notícia dada por Tremp, um amigo participante do Ministério da Ajuda, que lá estava em visita oficial:

– Você cumpriu mais uma etapa da espiritualidade. Arrume suas coisas porque será transferido para um plano mais elevado amanhã de manhã.

No dia seguinte, logo após o café da manhã, despedi-me de alguns colegas e, com a carta de transferência, fiquei esperando o aeróbus que me conduziria a Simple Mind, um novo lugar, um recomeço.

Simple Mind

Por que serei transferido? perguntava-me, intrigado, enquanto viajava no aeróbus. Mal sabia que a resposta me seria dada já na viagem. Ao meu lado, viajava um senhor com aspecto bondoso que prontamente se apresentou:

– Meu nome é Aulus, o mesmo das obras de André Luiz, e, na verdade, sou avô de Paulus, o seu primeiro anjo da guarda, lembra-se? Estou nesta viagem para lhe fazer companhia e lhe dar esclarecimentos.

Fiquei estupefato, já que não havia falado com ele...

– É que deu para ler o seu pensamento e devo lhe dizer que você está sendo transferido porque irá cumprir mais uma etapa da sua evolução na região de Simple Mind.

– Como é lá – perguntei.

– É lindo. Além de ter jardins magníficos que nos convidam à meditação, tem o trabalho, que é soberbo. Lá, você vai aprender como se preparam as reencarnações para o seu mundo e outros mundos. Lá, com a experiência que você já adquiriu, será um espírito orientador e, com certeza, ficará vários anos da Terra tomando mais experiência e dedicando-se a esse serviço, até chegar o dia de você reencarnar na Terra novamente. Agradeça a Deus por você ter sido mandado para mais essa função porque, como disse Jesus, muitos são os escolhidos, mas poucos são os chamados.

Isso dito, o velho Aulus adormeceu ao meu lado, deixando-me só com os meus pensamentos. Com o coração absolutamente feliz, elevei minha prece a Deus todo-poderoso e, querendo encontrar palavras bonitas para agradecer a beleza de viver eternamente, descobri que de tal maneira meu coração transbordava de amor que somente fui capaz de produzir uma lágrima a me rolar na face.

Naquele minuto, recordei-me da minha existência como trapezista na Terra, da minha morte prematura e de tudo o que havia feito e aprendido já na quarta dimensão, naquele lugar em que algumas pessoas singularmente na Terra chamam de céu.

E descobri que ainda há muito por fazer. Lá longe, mais e mais irmãos brigam entre si por ignorância e por desconhecimento de que, na verdade, somos todos filhos do mesmo Deus. Um Deus de amor que jamais condena as pessoas ao fogo do inferno e que de tão justo, dá a oportunidade a cada um de nós de crescermos segundo a nossa própria inteligência e percepção.

A estrada se torna dura, às vezes, mas é absolutamente necessária. E quando permitimos, Deus nos ajuda sempre com um Espírito de Luz, que alguns chamam de anjos. E, na verdade, o são e estão sempre prontos a ajudar. Como disse Jesus, "batei e a porta abrir-se-vos-á".

Feliz, vou seguindo a minha vida e já estou pronto para ajudar, na certeza de que ajudando serei ajudado eternamente e sempre aprendendo coisas novas...

Chegando à Colônia de Simple Mind

Pensando assim e feliz na vida espiritual, adormeci e mal senti a aproximação do aeróbus à cidade espiritual de Simple Mind. Fui acordado pelo velho Aulus, que me disse:

– Dê uma olhada, Ric, na sua nova cidade espiritual...

Olhei pela janela do ônibus aéreo e vi algo inimaginável para a importância dada por Aulus àquela cidade: não era uma visão espetacular! Não. Bonita sim, mas longe de ser espetacular...

Parecia mais uma cidadezinha dessas do interior, repleta de casas baixas, bonitas, mas simples e exageradamente arborizada para meu gosto, a tal ponto que algumas árvores quase escondiam algumas casas.

Algum tempo depois, lá estava o aeróbus aterrissando. Foi aí que descemos e logo fomos recebidos por um senhor que se identificou como Joaquim. De início, achei estranho este nome, afinal, ainda que mais afeito com a linguagem espiritual, sobrava-me na cabeça toda a fonética da língua inglesa, e confesso que jamais havia conhecido alguém com esse nome.

Logo, ele foi se apresentando como alguém cuja última encarnação tinha sido em Portugal e justamente por isso, mantinha o seu nome de origem. Joaquim aparentava um rapaz de uns 30 anos na Terra, e como o velho Aulus parecia bem mais de idade, perguntei:

- Desculpe, mas você morreu jovem lá na Terra?... Afinal, para um mestre, você aparenta ser bem novo...

- Olha, Ric, você já aprendeu muito, mas ainda tem muitas coisas para aprender. Uma dessas coisas é que, no mundo espiritual, quando se tem uma certa evolução, o ser apresenta-se com a aparência que lhe aprouver, uma vez que sua identidade não será mais julgada pela sua aparência, mas, sim, pela sua evolução e pelas boas vibrações que transmite.

Devia ter ficado calado, mas, ousado, insisti:

- Então o velho Aulus não é tão velho como aparenta?

Joaquim me respondeu, enquanto o velho Aulus sorria:

- Sim e não. Aqui, Ric, todos somos mais velhos do que aparentamos, sabe por quê? Nos mundos ditosos, a medida do tempo é o Kairós, ou seja, o tempo de Deus, e não o tempo da Terra. Assim sendo, sobre nós, enquanto estivermos no mundo espiritual, não incide o desgaste oriundo das leis da física terrena...

- Mas essa de mudar a aparência eu ainda não aprendi...

- Como não? - disse Joaquim. É que você ainda não se olhou no espelho com atenção.

Hoje, tanto tempo passado da sua passagem, você aparenta aquele jovem de uns 18 anos que mal começara a ser o quinto atleta voador daquele circo...

- Verdade? Mas, morri com mais de vinte e quatro e que eu saiba, não pedi para isso acontecer...

Joaquim sorriu e me disse:

– Realmente pediu não! Mas, nossa aparência é o retrato da nossa alma, dos nossos bons sentimentos e, sobretudo, da nossa felicidade. Aqui em Simple Mind, tudo é mais simples e imediato.

Estávamos chegando à casa de hóspedes na qual eu e o velho Aulus ficaríamos, e nos foi dito que teríamos a tarde/noite para descansar, e que viria um motorista para nos pegar no dia seguinte, bem de manhãzinha...

Com esse recado, Joaquim despediu-se da gente, não sem antes me deixar uma boa impressão de muito afeto.

Na medida em que entrávamos na casa, pensei, meio irônico: motorista no céu?!, dando asas à minha formação Batista no passado distante, lá nos Estados Unidos. Lendo o meu pensamento, o velho Aulus sorriu e perguntou:

– Por que não?! Ou você acha que todo espírito tem a obrigação de sair voando por aí, gastando energia à toa?

Sorri sem graça! Afinal, nada tinha de excepcional; se lá na Terra, cheia de problemas, sempre tivemos algum conforto, por que não haveríamos de tê-lo por aqui?! Confesso a vocês que logo que entrei no meu quarto, e ao me deitar, fui pensando na minha decepção com a simplicidade daquele lugar. Afinal, foi-me dito que se tratava de uma colônia espiritual das mais elevadas, mas a mim me parecia uma cidadezinha bem simples, que, provavelmente, não tinha mais do que uns quinze mil habitantes.

Cansado, logo, logo adormeci...

- Ric, acorda... Tá na hora... Vamos lá!

Foram as palavras do velho Aulus, que não estava mais velho de aparência... Eu me assustei... Sabia que era ele, mas como? Tão novo? Parecia da minha idade agora... Nada falei, mas o "ex-velho" Aulus adivinhou:

- Amigo, fique tranquilo que não tomei a água da fonte da juventude não! Apenas deixei transparecer a minha real figura, sem as rugas que o tempo terreno marcou. Afinal, é assim que pretendo ficar pela eternidade. E aí, Ric, vou parecer cada vez mais com a imagem que os jovens têm lá na Terra. Vá se acostumando... - sorriu. Talvez até algum desenhista mais afoito me bote umas asas - brincou -, mas isso eu não quero não... Isso é coisa de terráqueo, que necessita imaginar que para volitar (voar), nós, espíritos, precisamos de asas...

- Então - perguntei -, quanto mais evoluídos, mais aparência de jovens iremos ter?

- Sim e não -, disse-me Aulus. Não tem nada de errado em ser mais velho, o que de fato somos, no entanto a leveza da nossa mente é que nos dá uma aparência que muito se assemelha ao jovem da Terra. É que em Simple Mind nossa única preocupação é vivermos prestando serviços a Deus e ao próximo.

- Tá - disse -, mas essa história de Deus é que ainda não entendi, afinal a tradição cristã sempre me disse que iríamos encontrar com Deus depois de um dia da nossa morte física e até agora não o vi... Ah! E tem aquela história de que após a morte somente ressuscitariam em corpo e alma os salvos, mesmo assim quando Jesus viesse...

> saiba que eu amo o Pai, e que faço como o Pai me mandou. Levantai-vos, vamo-nos daqui." (*João*, 14: 1 a 31)

– Calma! – disse-me Aulus. Como você vê, Ric, na própria Bíblia Jesus nos fala do envio do Consolador e nos diz do envio do Espírito Santo, que outra coisa não é senão a soma dos espíritos de luz, ouvidos com atenção por um grande espírito encarnado à sua época (Allan Kardec), o qual ajudou na codificação da doutrina dos espíritos.

– Por outro lado, querido Aulus – perguntei –, por que tantos cristãos não aceitam essa nossa doutrina, notadamente não aceitam a lei da reencarnação?

– Porque se esquecem da seguinte passagem da vida de Jesus e a interpretam como se o renascimento fosse pelo batismo nas águas, o que não é; Jesus aludiu mesmo sobre a necessidade do renascimento. Olhe só o que o evangelista diz:

> E havia entre os fariseus um homem, chamado Nicodemos, príncipe dos judeus. Este foi ter de noite com Jesus, e disse-lhe: Rabi, bem sabemos que és Mestre, vindo de Deus; porque ninguém pode fazer estes sinais que tu fazes, se Deus não for com ele. Jesus respondeu, e disse-lhe: Na verdade, na verdade te digo que aquele que não nascer de novo não pode ver o reino de Deus. Disse-lhe Nicodemos: Como pode um homem nascer, sendo velho? Pode, porventura, tornar a entrar no ventre de sua mãe, e nascer? Jesus respondeu: Na verdade, na verdade te digo que aquele que não nascer da água e do Espírito não pode entrar no reino de Deus. O que é nascido da carne é carne, e o que é nascido do Espírito é espírito. **Não**

> **te maravilhes de te ter dito: Necessário vos é nascer de novo. O vento assopra onde quer, e ouves a sua voz, mas não sabes de onde vem, nem para onde vai; assim é todo aquele que é nascido do Espírito.** Nicodemos respondeu, e disse-lhe: Como pode ser isso? Jesus respondeu, e disse-lhe: Tu és mestre de Israel, e não sabes isto? Na verdade, na verdade te digo que nós dizemos o que sabemos, e testificamos o que vimos; e não aceitais o nosso testemunho. Se vos falei de coisas terrestres, e não crestes, como crereis, se vos falar das celestiais? Ora, ninguém subiu ao céu, senão o que desceu do céu, o Filho do homem, que está no céu." (*João*, 3: 1 a 13)

- Além disso, têm o medo e o comodismo. Afinal, é muito mais fácil acreditar que aceitando Jesus, automaticamente você está salvo e voltará à Terra no dia da volta de Jesus, no dia o arrebatamento. É mais cômodo porque lá na Terra, você sabe, têm vários tipos de sofrimento resultantes do pouco estágio evolutivo do planeta: as doenças, os assaltos, os sequestros, as guerras, os estupros, os crimes etc. Então, quem se acha "salvo" em apenas uma vida, no fundo até é compreensível que não queira voltar para um mundo tão conturbado! Por medo inconsciente, prefere acreditar que morrendo, vai ficar inconsciente até a vinda de Jesus e será ressuscitado, e, por esse mesmo receio, não quer voltar para um mundo tão conturbado. Além disso, vamos ver o significado da palavra "ressurreição". Ressurreição é um substantivo feminino com origem no termo em latim *resurrectio*, que significa o ato de ressurgir, ressuscitar, voltar à vida. A ressurreição é um elemento que faz parte de muitas religiões, as quais muitas vezes anunciam a morte de deuses que posteriormente regressaram à vida. A ressurreição do corpo na altura do juízo final é uma crença judaica que teve origem no século II a. C. e mais tarde - e até os dias de hoje -, muitas comunidades cristãs acreditam que no dia do Juízo Final os mortos ressuscitarão, sendo que todos terão como destino o céu ou o inferno. A ressurreição dos mortos é uma doutrina fundamental em várias religiões, como o Judaísmo, o Islamismo e o Cristianismo. Assim sendo, Ric, para esses cristãos bem intencionados porém limitados temporariamente em seus conhecimentos, a ressurreição seria diferente da reencarnação, porque implicaria que a pessoa que regressasse à vida fosse a mesma pessoa. Ora, a pessoa (espírito) é sempre a mesma, só que num corpo novo, numa nova etapa de vida e numa outra época. O termo "vida passada" não quer dizer, especificamente, que sejam muitas vidas, mas, sim, muitas vivências de uma mesma vida da mesma individualidade ou espírito. "Ah, é?!", perguntam alguns, "então, se já vivemos antes, por que não nos lembramos dessas vidas?", o que é fácil de ser respondido. Afinal, mesmo numa só vida e independentemente da idade que se tenha, é muito difícil lembrar-se de tudo o que aconteceu, digamos, num certo dia do passado. Isto porque o cérebro físico (que não é a mente espiritual onde reside o espírito eterno) é limitado e, em média, o ser o utiliza em apenas 10%, o que vale dizer que 90% dele são utilizados como processador da vida no chamado subconsciente. Assim, quando se tenta recordar algum dia específico no passado, seja há dois dias ou há dois, dez ou 20 anos, não conseguimos. Afinal, caso não seja uma data marcante, por exemplo o nosso aniversário ou o de alguém a quem amamos, não nos lembramos mesmo! Ora, se não nos lembramos de dois dias antes, o que dirá de outras vidas (outras vivências) distantes... Para tanto, uma vez encarnados, vem surgindo na Terra a terapia de vidas passadas, que, se bem ministrada, quase sempre ajuda na compreensão dos problemas da vida (vivência) atual.

- Quer dizer que o termo correto seria "vivências passadas"?

- Para mim, Ric, é um termo de mais fácil compreensão para os nossos irmãozinhos católicos ou evangélicos que defendem o "só se vive uma vez". Raciocinando melhor, é verdade: a vida é uma só, mas as vivências, ora no mundo espiritual, ora no mundo físico, é que são muitas. Todavia, na Terra, usa-se mais a expressão "vidas passadas", o que se entende também desde que se perceba que estão falando de uma ou mais vivências. Faz-se necessário que nossos irmãozinhos que creem em apenas uma vida raciocinem e percebam que até mesmo nessa vida física na qual se encontram, a vida é uma só, porém separada entre dias que duram 24 horas nos quais eles dormem 8 horas em média. Vale dizer que mesmo nessa pretensa vida única, ela não é vivida de uma só vez, e para que esses irmãos chegassem à idade em que estão, tiveram de viver inúmeros dias com a interrupção das horas em que dormiram em cada um deles. Ou seja, a vida espiritual não é diferente. A personalidade é uma e será sempre a mesma. Todavia, as vivências dessa personalidade é que mudam, ora no plano espiritual, ora no plano físico. A isso se chama reencarnação, que a exemplo dos dias, acontece para que adquiramos experiência e possamos aprender pelos nossos próprios méritos. Dia virá em que não precisaremos mais reencarnar e aí, dar-se-á o paraíso prometido por Jesus, mas só para aqueles que conseguiram chegar à iluminação, um dia também percebida por Buda. Isto só será possível com a aceitação total do caminho do amor, tão propalado pelo mestre

Jesus. Portanto, a salvação da ignorância, que provoca em nós um verdadeiro endereçamento para o umbral (inferno), implica não tão somente a aceitação simples de Jesus, mas, sobretudo, a aceitação do comportamento que Ele teve e tem, o tempo todo, explicitado na frase "Amai-vos uns aos outros como eu vos amei" e complementado por "eu sou o caminho, a verdade e a vida".

> "Não se perturbe o coração de vocês. Creiam em Deus; creiam também em mim. Na casa de meu Pai há muitos aposentos; se não fosse assim, eu lhes teria dito. Vou preparar-lhes lugar. E se eu for e lhes preparar lugar, voltarei e os levarei para mim, para que vocês estejam onde eu estiver. Vocês conhecem o caminho para onde vou. Disse-lhe Tomé: Senhor, não sabemos para onde vais; como então podemos saber o caminho? Respondeu Jesus: Eu sou o caminho, a verdade e a vida. Ninguém vem ao Pai, a não ser por mim." (*João*, 14: 1 a 6)

- Aulus, amigo, o que dizer dessa discordância religiosa entre aqueles que cultuam Maria e os santos e aqueles que só oram para Jesus?

- Caro Ric, dá para ver que são as diferentes interpretações religiosas que mais afastam os crentes do que os unem. Ora, disse Jesus, vim pelos pecadores e não pelos justos e em assim sendo, melhor seria que os cristãos terráqueos se entendessem por lá, ou pelo menos que se respeitassem além das diferenças. Respeite-se quem só quer orar por Jesus, mesmo que, sem o saber, na maioria das vezes seja atendido pelos espíritos de luz a mando de Jesus, e respeite-se aquele que reza pedindo a intercessão de Maria ou dos santos; este também, muitas vezes, não percebe que seus pedidos foram atendidos pelos espíritos santos mais próximos. Deus é uno e supremo, criador de todas as coisas, mas a exemplo de Jesus, que até hoje tem discípulos, Deus atua no coletivo. Aliás, não tem porque se pensar em ofender Jesus quando se ora para a Sua mãe, por exemplo. Afinal, se nós que somos pequenos e errantes somos gratos às nossas mães, tal não aconteceria com Jesus, que é infinitamente maior do que todos nós?!

> "Se vocês realmente me conhecessem, conheceriam também o meu Pai. Já agora vocês o conhecem e o têm visto. Disse Filipe: Senhor, mostra-nos o Pai, e isso nos basta. Jesus respondeu: Você não me conhece, Filipe, mesmo depois de eu ter estado com vocês durante tanto tempo? Quem me vê vê o Pai. Como você pode dizer: "Mostra-nos o Pai"? Você não crê que eu estou no Pai e que o Pai está em mim? As palavras que eu lhes digo não são apenas minhas. Pelo contrário, o Pai, que vive em mim, está realizando a sua obra. Creiam em mim quando digo que estou no Pai e que o Pai está em mim; ou pelo menos creiam por causa das mesmas obras. **Digo-lhes a verdade: Aquele que crê em mim fará também as obras que tenho realizado. Fará coisas ainda maiores do que estas, porque eu estou indo para o Pai.** E eu farei o que vocês pedirem em meu nome, para que o Pai seja glorificado no Filho. O que vocês pedirem em meu nome, eu farei. Se vocês me amam, obedecerão aos meus mandamentos. E eu pedirei ao Pai, e ele lhes dará outro Conselheiro para estar com vocês para sempre, o espírito da verdade (nome coletivo dos espíritos santos comandados pelo Espírito Santo e que são os responsáveis pela revelação da doutrina espírita

codificada por Allan Kardec). **O mundo não pode recebê-lo, porque não o vê nem o conhece (não o conhecia naquela época!).** Mas vocês o conhecem, pois ele vive com vocês e estará em vocês. Não os deixarei órfãos; voltarei para vocês. Dentro de pouco tempo o mundo já não me verá mais; vocês, porém, me verão. Porque eu vivo, vocês também viverão. **Naquele dia compreenderão que estou em meu Pai, vocês em mim, e eu em vocês.** Quem tem os meus mandamentos e lhes obedece, esse é o que me ama. Aquele que me ama será amado por meu Pai, e eu também o amarei e me revelarei a ele. Disse então Judas (não o Iscariotes): Senhor, mas por que te revelarás a nós e não ao mundo? Respondeu Jesus: Se alguém me ama, guardará a minha palavra. Meu Pai o amará, nós viremos a ele e faremos nele morada. Aquele que não me ama não guarda as minhas palavras. Estas palavras que vocês estão ouvindo não são minhas; são de meu Pai que me enviou. **Tudo isso lhes tenho dito enquanto ainda estou com vocês. Mas o Conselheiro, o Espírito Santo, que o Pai enviará em meu nome, lhes ensinará todas as coisas e lhes fará lembrar tudo o que eu lhes disse. Deixo-lhes a paz; a minha paz lhes dou. Não a dou como o mundo a dá. Não se perturbem os seus corações, nem tenham medo.** Vocês me ouviram dizer: Vou, mas volto para vocês. Se vocês me amassem, ficariam contentes porque vou para o Pai, **pois o Pai é maior do que eu.** Isso eu lhes disse agora, antes que aconteça, para que, quando acontecer, vocês creiam. Já não lhes falarei muito, pois o príncipe deste mundo está vindo (a ignorância!). **Ele não tem nenhum direito sobre mim**. Todavia é para que o mundo saiba que amo o Pai e que faço o que meu Pai me ordenou. Levantem-se, vamo-nos daqui!" (*João*, 14: 7 a 31)

- O importante não é saber o que é Deus, embora os espíritos superiores tenham explicado magnificamente em "*O Livro dos Espíritos*", respondendo a pergunta de Allan Kardec e afirmando: "Deus é a inteligência suprema, causa primária de todas as coisas".

I - Deus e o infinito

"1. Que é Deus?

— Deus é a inteligência suprema, causa primária de todas as coisas.

2. O que devemos entender por infinito?

— Aquilo que não tem começo nem fim; o desconhecido; todo desconhecido é infinito.

3. Poderíamos dizer que Deus é o infinito?

— Definição incompleta. Pobreza da linguagem dos homens, insuficiente para definir as coisas que estão além de suas inteligências.

Comentário de Kardec: **Deus é infinito nas suas perfeições, mas o finito é uma abstração; dizer que Deus é o infinito é tomar o atributo de uma coisa por ela mesma, definir uma coisa ainda não conhecida, por outra que também não o é."**

- Esta resposta, Ric, deve nos bastar por muito mais tempo ainda. Afinal, sabemos que fomos criados, adoramos a vida e, consequentemente, adoramos o Criador, mas devido à nossa limitada percepção, hoje, mesmo tanto tempo depois de nossa passagem na Terra, ainda não conseguimos saber mais do que isso sobre Ele. Paciência. Todavia, fiquemos com a definição de JESUS que nos afirma que Deus é amor!*

> "Amados, não creiais a todo espírito, mas provai se os espíritos são de Deus, porque já muitos falsos profetas se têm levantado no mundo. Nisto conhecereis o espírito de Deus: Todo espírito que confessa que Jesus Cristo veio em carne é de Deus. E todo espírito que não confessa que Jesus Cristo veio em carne não é de Deus; mas este é o espírito do anticristo, do qual já ouvistes que há de vir, e eis que já agora está no mundo.
>
> Filhinhos, sois de Deus, e já os tendes vencido; porque maior é o que está em vós do que o que está no mundo. Do mundo são, por isso falam do mundo, e o mundo os ouve. Nós somos de Deus; aquele que conhece a Deus ouve-nos; aquele que não é de Deus não nos ouve. Nisto conhecemos nós o espírito da verdade e o espírito do erro.
>
> Amados, amemo-nos uns aos outros; porque o amor é de Deus; e qualquer que ama é nascido de Deus e conhece a Deus.
>
> Aquele que não ama não conhece a Deus; porque Deus é amor." (*João*, 4: 1 a 8)

– Assim sendo, temos um caminho a seguir! Uma grande referência! A maior de todas!

O mal do homem é que ele quer todas as respostas para ontem e, se possível, sem o menor esforço – sorriu. Tudo o que for baseado no amor nos diz que estamos caminhando na direção de Deus! Portanto, não se apresse. De nada adianta botar "os bois diante da carroça", como se diz lá na Terra. Essa frase terrena é boa porque o nosso corpo espiritual, hoje, ainda que no caminho da evolução, mal comparando, não passa de uma "carroça" com relação aos corpos espirituais dos grandes espíritos, também chamados de espíritos santos. Ou seja, ainda falta muito para que possamos começar a entender toda a beleza e toda a suprema inteligência da criação!

Foi o quanto bastou para me calar momentaneamente. Imaginem! O velho Aulus sabia muito e até ele achava que sabia pouco... que diria eu?!

Fomos a pé pelas lindas alamedas com árvores tão grandes que suas copas pareciam encostar no céu. À medida que andávamos, não resisti à curiosidade e disse a Aulus da minha aparente decepção - fala-se tanto da evolução da colônia de Simple Mind que eu esperava encontrar uma cidade sofisticada, com prédios altos, e o que vi? Pouco mais do que uma vila com casas baixas e com uma natureza exuberante, além do que não vi nenhum palácio por aqui...

Paulus me olhou com os olhos da paciência e me respondeu:

- Palácio, amigo! Por que e para quê? Palácio é coisa lá da Terra! Aqui, o que dá prestígio a alguém é a sua envergadura moral, sua história passada e seu comportamento ético e, por isso mesmo, incorruptível. Ora, quem tem tanto valores assim, por que precisaria de um palácio?

> "Aconteceu num sábado que, entrando ele em casa de um dos principais dos fariseus para comer pão, eles o estavam observando. E eis que estava ali diante dele um certo homem hidrópico. E Jesus, tomando a palavra, falou aos doutores

da lei, e aos fariseus, dizendo: É lícito curar no sábado? Eles, porém, calaram-se. E, tomando-o, o curou e despediu. E respondendo-lhes disse: Qual será de vós o que, caindo-lhe num poço, em dia de sábado, o jumento ou o boi, o não tire logo? E nada lhe podiam replicar sobre isto.

E disse aos convidados uma parábola, reparando como escolhiam os primeiros assentos, dizendo-lhes: Quando por alguém fores convidado às bodas, não te assentes no primeiro lugar; não aconteça que esteja convidado outro mais digno do que tu; E, vindo o que te convidou a ti e a ele, te diga: Dá o lugar a este; e então, com vergonha, tenhas de tomar o derradeiro lugar. Mas, quando fores convidado, vai e assenta-te no derradeiro lugar, para que, quando vier o que te convidou, te diga: Amigo, sobe mais para cima. Então terás honra diante dos que estiverem contigo à mesa. **Porquanto qualquer que a si mesmo se exaltar será humilhado, e aquele que a si mesmo se humilhar será exaltado.** E dizia também ao que o tinha convidado: Quando deres um jantar, ou uma ceia, não chames os teus amigos, nem os teus irmãos, nem os teus parentes, nem vizinhos ricos, para que não suceda que também eles te tornem a convidar, e te seja isso recompensado. Mas, quando fizeres convite, chama os pobres, aleijados, mancos e cegos, E serás bem-aventurado; porque eles não têm com que to recompensar; mas recompensado te será na ressurreição dos justos.

E, ouvindo isto, um dos que estavam com ele à mesa, disse-lhe: Bem-aventurado o que comer pão no reino de Deus." (*Lucas*, 14: 1 a 15)

- Palácio para que, Ric? Isso é coisa lá da Terra para impressionar os outros, Aqui, precisamos no máximo de uma casa confortável à sombra de uma árvore frondosa.

- Entendo - disse pensativo. Não é à toa que Jesus nos disse que os humildes serão exaltados e os exaltados serão humilhados, não é?

- Claro, ouça só essa passagem bíblica:

> *"Propôs Jesus esta parábola a uns que confiavam em si mesmos, como se fossem justos, e desprezavam os outros. Subiram dois homens ao templo para orar: um fariseu e o outro publicano. O fariseu orava de pé e dizia assim: Graças te dou, ó meu Deus, por não ser como os outros homens, que são ladrões, injustos e adúlteros. E não ser também como é aquele publicano. Eu, por mim, jejuo duas vezes por semana e pago o dízimo de tudo quanto possuo. Apartado a um canto, o publicano nem sequer ousava erguer os olhos para o céu; batia no peito e exclamava: Meus Deus, apiedai-vos de mim, pecador. Digo-vos, acrescentou Jesus, que este voltou justificado para sua casa, e o outro não, porque todo aquele que se exalta será humilhado, e todo aquele que se humilha será exaltado."* (*Lucas*, 18:9-14)

- Chegamos!

- Onde? - perguntei.

- Ao "palácio" que você queria, na verdade, na casa da governadora da região, Miss Malley...

- Uma mulher?! - disse espantado. Confesso que não me sinto muito à vontade com mulher mandando em mim...

- Bobagem, amigo! Você irá ver que essa senhora é uma pessoa muito simples e boa - disse Paulus, enquanto apertava a campainha.

A porta se abriu e um negrinho dos seus 18 anos disse:

- Quer falar com a mamãe?

- Isso mesmo - disse Paulus.

- Maêêêêêê!!! - chamou o rapazote.

De repente, com as mãos ainda sujas da terra do seu jardim do qual cuidava, surge Miss Malley, uma mulher realmente negra, bela e gorda, sorridente, vestida de forma simples. E sem olhar para mim, referindo-se a Aulus, perguntou:

- Então? Fez boa viagem?

Aulus disse que sim, que havia feito, e que trouxera um novo estagiário para Simple Mind, apontando para mim. Nervoso, eu estava com o coração disparado...

- Fique tranquilo - disse-me Miss Malley. De nada adianta essa sua ansiedade a não ser o fato de lhe trazer um enorme desconforto. Vamos entrar, vão se acomodando, enquanto lhes preparo algum alimento.

- Alimento no céu? - perguntei.

- Curioso que após tanto tempo depois da sua passagem, você insiste nessa expressão "no céu", num claro resquício da sua educação na boa Igreja Batista lá da Terra - disse Miss Malley. Tem nada não. Imagino que passado todo esse tempo trabalhando na sua própria reeducação, e paralelamente resgatando espíritos do umbral, você ainda tenha lembranças daquilo que pensa que poderia ou não poderia haver numa colônia como

Simple Mind. E uma dessas lembranças é a falsa crença de que espírito não deve se alimentar e ponto. Mas, querido Ric, não é assim. Tudo depende do estágio em que o espírito se encontra.

- Então - perguntei -, o nosso corpo espiritual é uma repetição do nosso finado corpo físico, com vários órgãos e tudo?

- Não. O nosso ex-corpo físico é que era uma repetição mais densa do nosso corpo espiritual, que também chamamos de perispírito.[4]

"O perispírito

> Como será o tecido sutil da espiritual roupagem que o homem envergará, sem o corpo de carne, além da morte?
>
> Tão arrojada é a tentativa de transmitir informes sobre a questão aos companheiros encarnados, quão difícil se faria esclarecer à lagarta com respeito ao que será ela depois de vencer a inércia da crisálida. Colado ao chão ou à folhagem, arrastando-se, pesadamente, o inseto não desconfia que transporta consigo os germes das próprias asas.
>
> O perispírito é, ainda, corpo organização que, representando o molde fundamental da existência para o homem, subsiste, além do sepulcro, de conformidade com o seu peso específico. Formado por substâncias químicas que transcendem a série estequiogenética conhecida até agora pela ciência terrena, é aparelhagem de matéria rarefeita, alterando-se de acordo com o padrão vibratório do campo interno.

---

[4] Trecho do livro "*Roteiro*", pelo espírito Emmanuel, psicografado por Chico Xavier.

Organismo delicado, extremo poder plástico, modifica-se sob o comando do pensamento. É necessário, porém, acentuar que o poder apenas existe onde prevaleçam a agilidade e a habilitação que só a experiência consegue conferir. Nas mentes primitivas, ignorantes e ociosas, semelhante vestidura caracteriza-se pela feição pastosa, verdadeira continuação do corpo físico, ainda animalizado ou enfermiço.

O progresso mental é o grande doador de renovação ao equipamento do espírito em qualquer plano de evolução. Note-se, contudo, que não nos reportamos aqui ao aperfeiçoamento interior. O crescimento intelectual, com intensa capacidade de ação, pode pertencer a inteligências perversas.

Daí a razão de encontrarmos, em grande número, compactas falanges de entidades libertas dos laços fisiológicos, operando nos círculos da perturbação e da crueldade, com admiráveis recursos de modificação nos aspectos em que se exprimem.

Não adquiriram, ainda, a verticalidade do Amor que se eleva aos santuários divinos, na conquista da própria sublimação, mas já se iniciaram na horizontalidade da Ciência com que influenciam aqueles que, de algum modo, ainda lhes partilham a posição espiritual.

Os "anjos caídos" não passam de grandes gênios intelectualizados com estreita capacidade de sentir. Apaixonados, guardam a faculdade de alterar a expressão que lhes é própria, fascinando e vampirizando nos reinos inferiores da natureza. Entretanto, nada foge à transformação e tudo se ajusta, dentro do Universo, para o geral aproveitamento da vida.

A ignorância dormente é acordada e aguilhoada pela ignorância desperta.

A bondade incipiente é estimulada pela bondade maior.

O perispírito, quanto à forma somática, obedece a leis de gravidade no plano a que se afina.

Nossos impulsos, emoções, paixões e virtudes nele se expressam fielmente. Por isso mesmo, durante séculos e séculos nos demoraremos nas esferas da luta carnal ou nas regiões que lhes são fronteiriças, purificando a nossa indumentária e embelezando-a, a fim de preparar, segundo o ensinamento de Jesus, a nossa veste nupcial para o banquete do serviço divino."

– O que é o perispírito?

– Podemos dizer que o perispírito é o corpo modificável do nosso espírito, verdadeiro habitáculo da nossa consciência imortal. Uma vez o espírito encarnado, ele se adapta de acordo com o planeta em que esse espírito se encontra para, somando-se ao DNA dos pais, dar o formato final do corpo físico. Vale dizer: o corpo físico sempre é moldado de acordo com os traços do perispírito. Um dia, fomos criados pela vontade soberana de Deus. De Deus saímos pela Sua palavra e vontade na qualidade de mônada, passamos do mineral ao vegetal e, um dia, chegamos ao hominal. Ou seja, nesse dia passamos a dominar a nossa consciência e a ser os responsáveis por ela e por tudo o que acontece com os nossos corpos físicos e espirituais. Assim sendo, em séculos de adaptação, ora no mundo espiritual, ora nos mundos físicos, fomos formatando as mudanças em nosso corpo espiritual, sempre resultante das nossas vivências passadas (vidas passadas é um termo ultrapassado, já que a vida é uma só, sempre com a mesma personalidade, dando impressão de que são muitas vidas...). Assim, em cada nova vivência física levamos no nosso perispírito a unidade preservada do nosso corpo mental e espiritual, que se soma à parte material do mundo em que viveremos, parte esta necessária à formação do corpo que será o veículo das nossas ações naquele mundo.

– E quando esse corpo morre, ficamos com a aparência que tivemos na vida física?

– Sim, claro. Mas isso não será para sempre. Os espíritos mais simples não conseguem mudar essa aparência. Todavia, na medida em que avançamos na evolução, vamos aprendendo que mudar de aparência é como trocar de roupa na vida física, ou seja, em tudo depende do nosso esforço, vontade e aprendizado. É por isso que o espírito já com alguma evolução, se necessário, pode se apresentar de um jeito a quem ele deseja que o reconheça, e com outra aparência em outras esferas espirituais.

– Puxa! Mas me explica esse negócio de órgãos espirituais que formam o corpo de um espírito...

– Ric: tais órgãos são transitórios na medida de cada evolução. Assim sendo, para um espírito saído da Terra recentemente, faz-se necessário que ele tenha no seu perispírito todos os seus órgãos da Terra, porém à medida que evolui, vai tendo adaptações diferenciadas à realidade espiritual e às necessidades de onde se encontra.

– Interessante! Então, dia virá que não precisaremos de todos esses órgãos...

- Sim e não! Deixa-me explicar: lá na Terra, o peixe não precisa de ar e aí não possui os pulmões da mesma forma que o homem terráqueo os tem, não é? Assim é por aqui. Na medida em que vai evoluindo, o ser vai perdendo alguns órgãos que se tornam inúteis no espaço, em troca de outros que lhe serão mais úteis no novo plano em que se encontra.

- Mas deixe-me entender: então o perispírito é transitório e não um corpo definitivo?

- Sim e não. É transitório na medida em que, como invólucro da mente espiritual e individual do ser, se adapta às realidades nas quais se encontra. Vale dizer: se nasce na Terra, esse perispírito irá propiciar um corpo físico com todos os órgãos necessários àquele planeta. Todavia, quando o corpo físico morrer, o perispírito voltará a se adaptar à vida espiritual; assim é que ele se modifica na medida em que a evolução do ser progride, adequando-se a cada ambiente. No entanto, esse mesmo perispírito se torna parte integrante do ser, e por isso mesmo resistente no seu fundamento, ou seja, na sua função primeira de ser o corpo astral protetor e envolvedor do ser que aqui chamamos de espírito eterno.

- Mas, se o espírito é eterno, não seria imutável?

- Nada é imutável, tudo avança, tudo está em movimento. O próprio Deus não é um Deus da estagnação, mas, sim, do movimento, da criação perene![5]

---

[5] Trecho de "*O Livro dos Espíritos*", de Allan Kardec.

IV - Perispírito

"93. O Espírito propriamente dito vive a descoberto ou, como pretendem alguns, envolvidos por alguma substância?

– O Espírito é envolvido por uma substância que é vaporosa para ti, mas ainda bastante grosseira para nós; suficientemente vaporosa, entretanto, para que ele possa elevar-se na atmosfera e transportar-se para onde quiser.

Comentário de Kardec: *Como a semente de um fruto é envolvida pelo perisperma o Espírito propriamente dito é revestido de um envoltório que, por comparação, se pode chamar períspirito.*

94. De onde tira o espírito o seu envoltório semimaterial?

– Do fluído universal de cada globo. É por isso que ele não é o mesmo em todos os mundos; passando de um mundo para outro, o Espírito muda de envoltório, como mudais de roupa.

94. a) Dessa maneira, quando os Espíritos de mundos superiores vêm até nós, tomam um períspirito mais grosseiro?

– É necessário que eles se revistam da vossa matéria, como já dissemos.

95. O envoltório semimaterial do Espírito tem formas determinadas e pode ser perceptível?

– Sim, uma forma ao arbítrio do Espírito; e é assim que ele vos aparece algumas vezes, seja nos sonhos, seja no estado de vigília, podendo tomar uma forma visível e mesmo palpável."

- Mas Ric, vamos encerrar esse bate-papo por enquanto, afinal temos muito o que fazer...

- É mesmo?

- Sim. Amanhã mesmo você começará um aprendizado que se faz necessário para as funções que você irá desempenhar por aqui, e é preciso descansar.

- Só uma pergunta em duas, Miss Malley: há quanto tempo a senhora está por aqui como governadora de Simple Mind e como conseguiu isso? Foi eleita?

- Claro!

Dez Anos Depois...

Verdade que o passar do tempo em Simple Mind é diferente, mas Joaquim me garantia que já estava por lá o equivalente a dez anos da Terra e, convenhamos, é um bom tempo. Nesse período, havia estreitado minha amizade com Joaquim, que se tornara meu guardião e amigo.

O velho Aulus havia voltado para os seus afazeres na outra colônia espacial, e eu havia me especializado em trabalhar em um casarão branco que chamávamos de Sanatório. Confesso que logo de início não entendi como é que para lá fui indicado sem jamais ter tido uma formação específica em psicologia. Afinal, tal casa até hoje abriga cerca de 200 internos, entre espíritos femininos e masculinos, que foram ateus na Terra e ainda continuam ateus em Simple Mind.

No primeiro ano, disseram-me que ali estava porque a formação espiritual é tão diferente quanto a nossa mente espiritual é mais poderosa do que o cérebro físico. Afinal, ela, a mente espiritual, é a identidade do nosso ser. Claro que por lá temos escolas, faculdades mesmo e eu tinha aproveitado o meu tempo de folga para estudar e me formar "psicólogo espiritual". Foi o tempo equivalente a quatro anos da Terra, mas que me deu uma base muito interessante para trabalhar junto aos necessitados.

Após a comemoração da formatura, Paulus, o velho, permitiu-me ver uma encarnação antes daquela em que fui um trapezista de circo, e olha que apareci como clinico geral no Brasil.

Achei estranhíssimo. Afinal, foi-me dito que eu era ateu nessa época, mas muito caridoso. E embora não tivesse formação em psicologia, sempre tivera uma ótima compreensão da mente humana. Porém, o que achei estranho mesmo foi essa revelação de que tinha sido um médico no Brasil...

Jamais imaginei isso desde a minha morte na Terra. Sequer sabia onde ficava esse lugar, mas aqui na colônia, fui informado rapidinho. Aí, diante dessa revelação e curioso como sempre, perguntei a Aulus:

- Por que a gente não se lembra de todas as nossas reencarnações?

- Nós não nos lembramos das vidas passadas a não ser quando consultamos o arquivo espiritual, ou quando somos informados por um espírito de luz. Caso nos lembrássemos do mal que fizemos e dos sofrimentos causados pelos inimigos que nos prejudicaram, não teríamos condições de viver entre eles. Pois, muitas vezes, os inimigos do passado hoje são grandes amigos, assim como na Terra são nossos filhos, nossos irmãos, nossos pais, que junto de nós se encontram para a reconciliação. Por isso é que na reencarnação esquecemos não só pelo capuz de carne, mas para que as reconciliações se façam naturalmente. Quando encarnados ou não, estamos corrigindo erros praticados contra alguém, sofrendo as consequências dos erros perpetrados, ou sendo amparados, auxiliados por aqueles que até nos prejudicaram no passado. Daí a importância da família, na qual, muitas vezes, acontecem as reconciliações! A reencarnação, dessa forma, é não só a oportunidade da reparação, como também o ensejo de devotarmos nossos esforços pelo bem dos outros, apressando nossa evolução espiritual. Quando reencarnamos, trazemos um plano de vida, compromissos assumidos perante nós mesmos e a espiritualidade, os quais dizem respeito à reparação do mal e à prática do bem. Outrossim, dependendo de nossas condições espirituais, podemos ter escolhido as provas, os sofrimentos, as maiores dificuldades que se possa imaginar, as quais provarão a nossa capacidade espiritual. Nada desce pelo ralo do esquecimento, Ric. Ao desencarnarmos nos lembraremos de tudo, não de imediato, porque isto depende de nosso progresso ou desenvolvimento do espírito. Ou seja, vamos recordando aos poucos, na medida das nossas necessidades e do nosso aprendizado.

Joaquim me disse que foi essa encarnação anterior no Brasil que me levou a reencarnar nos Estados Unidos, isto porque, por mistérios da espiritualidade, como nessa existência eu só tratava do intelecto, meus espíritos amparadores teriam achado uma família nos Estados Unidos que já tinha algum laço de parentesco comigo vindo de vidas passadas (vivências).

Assim, depois de 52 anos de uma vida terrena no Brasil e mais não sei quanto tempo numa colônia espiritual para brasileiros chamada "Nosso Lar", tendo de reencarnar, os mestres me deram uma família negra e pobre nos Estados Unidos, sabe-se lá a razão...

O fato é que após essa curta vida de apenas 24 anos nos Estados Unidos, segundo Joaquim, foi justamente a soma dessas duas encarnações que me qualificaram para trabalhar no Sanatório de Recuperação de Ateus, também conhecido como SARA.

Nunca entendi bem o porquê dessa minha passagem no Brasil, uma vez que praticamente nada sabia daquele país, sequer me lembrava de que lá se falava português e, sinceramente, escandalizava-me a revelação de que tinha sido de cor branca quando fui médico lá no Brasil. Para mim, a imagem que sempre tive no espelho de minha alma foi a de um jovem trapezista negro, norte-americano, que teve a sua vida interrompida cedo pela queda do trapézio.

Mas, gostando mesmo de trabalhar, deixei essas conjecturas de lado e mergulhei fundo no trabalho do SARA por todos esses anos.

E foi muito interessante.

Uma das funções do Sanatório é receber e recuperar ateus que tiveram boa passagem na Terra. Foram pessoas honestas, caridosas e com grande dedicação ao próximo, mas que jamais acreditaram em Deus e muito menos na vida após a morte.

Tais pessoas, algumas também vindas de outros planetas – pois na mente espiritual somos todos iguais, embora em estágios diferentes –, não passaram pelo umbral porque não é crime não acreditar em Deus. Mas, como em nada criam, passaram um bom tempo depois de suas mortes físicas sem nada ver, sem nada ouvir... Afinal, sua forte imaginação de que nada haveria após a morte acabou por reproduzir esse nada temporário no espaço.

Só depois de muito tempo é que tais pessoas, cada uma por si, foram acordando desse sono profundo e, ainda sem ver ou ouvir, começaram a perceber que estavam aparentemente sós, mas que, ainda assim, existia vida após a morte.

E aí, quando por decisão própria elas oram a Deus pedindo socorro, entramos nós, os espíritos socorristas. Mas é preciso muita transferência de energia e muitos passes para que, depois de um certo tempo, eles voltem a ouvir e, depois, enxergar... nessa ordem. Depois de muito trabalho que, no geral, leva meses se comparado ao tempo da Terra, esses seres, ainda meio descrentes mas com um bom saldo de boas ações praticadas na vida física, são levados para o Sanatório de Simple Mind. E aí começa todo o nosso trabalho que, às vezes, dura anos, até que tais espíritos abram os olhos para a realidade sublime: não existe morte! Tudo é vida! Tudo é Deus.

O Primeiro Ateu que eu Atendi

Aqui me permito contar um caso que me ficou na lembrança dentre dezenas relacionados a pessoas que ajudei a tratar. E foi justo o primeiro que me foi dado a tratar depois de um bom tempo de preparação. Antes e por meses, estudei, com a diretora do Sanatório, Dina, a personalidade dessa pessoa internada. Tratava-se de ninguém menos que Jean-Paul Sartre, o famoso filósofo ateu na Terra, de muitas palestras e publicações de sucesso.

Em uma tela parecida com as TVs grandes de *led* nos dias de hoje na Terra, Dina passou-me tudo o que se sabia sobre a vida de Sartre.

> "Jean-Paul Sartre (1905-1980) foi um filósofo e escritor francês. Foi um dos maiores integrantes do pensamento existencialista na França, juntamente com Albert Camus e Simone de Beauvoir.
>
> Jean-Paul Sartre nasceu em Paris, França, no dia 21 de junho de 1905. Filho de Jean Baptiste Marie Eymard Sartre, oficial da Marinha Francesa, e Anne-Marie Sartre. Ficou órfão de pai com apenas 15 meses de idade, quando sua mãe se mudou para a casa dos avós maternos.

Teve uma boa formação literária. Ingressou aos 19 anos na Escola Normal Superior, no curso de filosofia, no qual conheceu Simone de Beauvoir, sua futura companheira.

Sartre escreveu um romance, "*A lenda da verdade*", que não foi bem aceito pela crítica. Com o fracasso, enveredou pela filosofia a fim de estudar a fenomenologia do filósofo Husserl na Alemanha e as teorias existencialistas de Karls Jaspers e Martin Heidegger. Posteriormente, Sartre estudaria as obras de Kierkegaard. A partir desses estudos, Sartre elaborou sua própria ideia do existencialismo.

Publicou livros importantes na França, romances, contos e ensaios como forma de disseminar seus preceitos existencialistas - "*A náusea*", "*A imaginação*", "*O muro*" -, além da peça teatral "As moscas", na qual usou a lenda grega para simbolizar o domínio alemão sobre a França na Segunda Guerra.

Seu trabalho filosófico principal foi "O Ser e o Nada", publicado em 1946, no qual tenta caracterizar as estruturas fundamentais da existência humana descrevendo o choque entre a consciência e o mundo objetivo, de forma a destacar a característica que definia o ser humano, sua liberdade.

Sartre era um intelectual engajado com os movimentos sociais na França. Foi filiado ao Partido Comunista francês e apoiou a invasão comunista na Hungria pelo ditador soviético Stálin, o que foi criticado posteriormente por intelectuais liberais, segundo esses uma atitude contraditória com os ideais de liberdade que o filósofo pregava. Foi homenageado com o Prêmio Nobel de Literatura, mas se recusou a recebê-lo.

> Jean-Paul Charles Aymard Sartre morreu em Paris, França, no dia 15 de abril de 1980. Seus restos mortais encontram-se no Cemitério de Montparnasse, onde também está sepultada sua companheira Simone de Beauvoir."

Essa era a síntese do que sabíamos, e lá fui eu com Dina conhecer o velho mestre do materialismo mundial.

Era um chalé simples. O Sanatório mais parece um sítio, já que tem chalés espalhados ao longo de seus jardins, e cada um desses chalés abriga seus internos, embora possua uma casa central que também fica com os recém-chegados.

Não era o caso de Sartre, uma personalidade tranquila que me recebeu com um olhar meio indiferente quando Dina me apresentou:

- Jean, este é Richard, mas pode chamá-lo de Ric... Doravante, ele será seu amigo e esclarecedor...

Sartre disse, sem me olhar:

- Melhor dizer "tratador"... Afinal, estou aqui há bastante tempo, e vocês não conseguiram provar a existência de Deus...

- Nem você conseguiu provar a não existência dele, mestre - exclamei, verdade que meio assustado.

Dina já havia me dito que quando somos escolhidos como "tratadores" de algum ateu, é só nos colocarmos à vontade que somos assessorados por uma plêiade de bons espíritos e, não raro, invisíveis a nós, na dimensão que nos encontramos, mas que nos assessoram intelectualmente nos momentos difíceis (e esse era um deles!).

Sartre finalmente voltou-se para mim e diretamente me perguntou:

– Cadê Simone (de Beauvoir)?

Ao que lhe disse que ela, por ter tido um aprendizado mais rápido, encontrava-se à espera dele em uma outra colônia, mais avançada, e que ele a veria a seu tempo e dependendo do mérito do seu aprendizado.

Jean coçou a cabeça, sorriu, mexendo em uma petúnia, pois já estávamos fora do chalé, mais propriamente no jardim, e falou com Dina:

– Pode ir, Dina... Deixa o moleque por aqui. É atrevido... mas gostei dele.

Dina fez um sinal de positivo e seguiu seu rumo, me deixando por lá...

Sartre me olhou e ficou meio sem dizer nada, a não ser o som de se tirar um pigarro da garganta... Meio tímido, arrisquei um "Jean...", ao que ele me respondeu "Sim..." e aí, comecei a lhe contar a minha história e como fui parar lá...

Jean ouviu atentamente e arriscou uma teoria:

– Sabe, não existe esse Deus de quem você tanto fala e muito menos os tais espíritos.

Você, meu amigo, é resultado da minha imaginação. Algum mal físico me aconteceu, e eu devo estar com o corpo preso em algum lugar, talvez até esteja num processo de coma em algum hospital e daí, por causa das drogas que estou recebendo, devo estar sonhando como se estivesse vivendo por aqui e conhecendo essas pessoas, inclusive você... Não passa da minha imaginação. Deus não existe! Não existe vida após a morte! E Marx tinha razão: a religião é o ópio do povo... Pronto, falei!

Fiquei meio atônito.

Lá estava eu conversando com um gênio do materialismo e nada mais era do que um ex- trapezista de circo. De repente, a alta espiritualidade me confiara a responsabilidade de chamá-lo à realidade.

O fato é que dia após dia, eu ficava pelo menos oito horas com Sartre. Fizemos amizade e suas barreiras foram caindo uma a uma. No final de um certo tempo, Jean admitia que não era possível que o mal que o colocara em coma durasse tanto tempo e, meio que vencido pelo cansaço, admitiu primeiramente a nossa existência, a da colônia de Simple Mind e, depois, a de uma causa primeira...

– Não sei se Deus é a causa de tudo, mas confesso que hoje admito que deva ter uma inteligência suprema por trás de tudo... estranho – ponderou.

Foi aí que consegui autorização da direção do Sanatório para levar Sartre ao arquivo da casa. Ali, naquele arquivo, foram projetadas imagens da vida de Sartre na Terra, de seu amor por Simone de Beauvoir, das suas lutas em prol da humanidade, mesmo que tendo conclusões equivocadas, e essas verdadeiras aulas espirituais passaram a ser diárias.

Por fim, Sartre matriculou-se em um curso bíblico e depois de muito estudo, principalmente do Novo Testamento, obteve a devida licença para estudar a codificação feita por Allan Kardec, ouvindo os espíritos de luz: "*O Livro dos Espíritos*"; "*O Livro dos*

Médiuns"; "*O Evangelho Segundo o Espiritismo*"; "*O Céu e o Inferno*" (ou "*A Justiça de Deus Segundo o Espiritismo*"); "*A Gênese*".

Depois de tudo isso, meus amigos, tive a honra de ouvir a seguinte fala de Sartre:

- É, realmente Deus existe. Na verdade, ainda sou muito pequenino para saber o que ele é de fato... mas que ele existe, existe.

Quando tal aconteceu, fui chamado para novo caso e substituído por um anjo guardião de Sartre chamado Denizard, que o acompanhava desde a França. E devo lhes dizer que, como saí do caso, não soube mais do seu progresso, mas acredito que paulatinamente ele vá progredindo a tal ponto que um dia, quem sabe, vá se encontrar em uma esfera alta com sua amada e inesquecível Simone de Beauvoir*.

> "Simone de Beauvoir (1908-1986) foi uma escritora e ensaísta francesa. Teve relacionamento amoroso duradouro com o filósofo Jean-Paul Sartre. Sua obra mais conhecida é o livro "*O Segundo Sexo*". É considerada uma das maiores representantes do pensamento existencialista francês.
>
> Nasceu em Paris, França, no dia 9 de janeiro de 1908. Filha de um advogado, teve educação católica e já tinha planos na adolescência de ser uma escritora. Quando jovem, fez exames para o bacharelado em matemática e filosofia. Estudou letras e filosofia na Universidade de Sorbonne.
>
> Simone de Beauvoir foi uma das escritoras mais influentes do Ocidente. Suas ideias tratavam de questões ligadas à independência feminina e o papel da mulher na sociedade. Sua

obra refletia também a luta feminina e as mudanças de papeis estabelecidos, assim como a participação nos movimentos sociais. O livro que melhor condensa suas experiências é "*O Segundo Sexo*" (1949).

No romance "Os Mandarins" (1945), Beauvoir escreveu indiretamente a biografia de sua vida com o filósofo Sartre, que conheceu em Sorbonne, em 1929, e com quem viveu um relacionamento aberto durante boa parte da vida. Outros livros, "*Memórias de uma Moça Bem Comportada*" (1958) e "*A Força da Idade*" (1960) são prolongamentos naturais de sua vida com o filósofo-escritor. Outras obras importantes de Beauvoir: "*Todos os Homens são Mortais*" (1946) "*A Força das Coisas*", (1964) e "*A Velhice*" (1970).

Simone de Beauvoir morreu em Paris, França, de pneumonia, no dia 14 de abril de 1986."

Tive alguns dias de folga e aproveitei para descansar em uma pequena pousada à beira de um riacho no qual vários espíritos de Simple Mind que têm o chamado "bônus- hora" aproveitam algo parecido como pequenas férias aqui da Terra.

Foi lá, para minha surpresa, que encontrei Paulus, o jovem, que também estava gozando merecidas férias.

Em uma de nossas conversas, aproveitei para lhe dizer:

- Paulus, amigo: estava aqui pensando no amor de Jean-Paul Sartre e Simone de Beauvoir... Isto porque aprendi por aqui que espírito não tem sexo, apesar da nossa preferência de aparências, no masculino ou no feminino, e lhe pergunto: quando um amor assim transcende a morte na Terra, os dois irão se reencontrar? Ficarão juntos? Para sempre ou por um tempo?

Paulus sorriu e me disse:

- Ficarão juntos de tempos em tempos. Sabe, Ric, realmente os espíritos não têm sexo no sentido da procriação tal como vocês entendem lá na Terra. Todavia, como Deus é amor e é o somatório do feminino e o masculino, aqui também temos as nossas preferências. Por exemplo, eu e você preferimos nossas encarnações como homens, daí somos masculinos por aqui. Já Miss Malley e a Dani são femininas por igual motivo. No caso de um grande amor como o de Sartre e Simone, eles se encontrarão por várias vezes nas diversas colônias espaciais, nada obstando que venham a viver juntos por um tempo... Não se esqueça de que Jesus nos disse que na vida espiritual não existe marido e mulher, no sentido do casamento, que realmente acaba com a morte física. Todavia, o amor é para sempre e nada impede que almas afins se encontrem e vivam juntas pelo tempo que aprouverem, desde que tenham méritos para isso.

> "Depois os saduceus, que dizem que não há ressurreição, aproximaram-se dele com a seguinte questão: "Mestre, Moisés nos deixou escrito que, se um homem morrer e deixar mulher sem filhos, seu irmão deverá casar-se com a viúva e ter filhos para seu irmão. Havia sete irmãos. O primeiro casou-se e morreu sem deixar filhos. O segundo casou-se com a viúva, mas também morreu sem deixar filhos. O mesmo aconteceu com o terceiro. Nenhum dos sete deixou filhos. Finalmente, morreu também a mulher. Na ressurreição, de quem ela será esposa, visto que os sete foram casados com ela?" Jesus

> respondeu: "Vocês estão enganados!, pois não conhecem as Escrituras nem o poder de Deus! Quando os mortos ressuscitam, não se casam nem são dados em casamento, mas são como os anjos nos céus." (*Marcos*, 12: 18 a 25)

- Pois bem, Paulus, mas o que dizer lá na Terra desses fanáticos religiosos que discriminam todos aqueles que não rezam pela sua cartilha...

Paulus me disse:

- Vou lhe responder com as palavras do próprio Jesus, amigo. Senão vejamos:

> "Ao ensinar, Jesus dizia: "Cuidado com os mestres da lei. Eles fazem questão de andar com roupas especiais, de receber saudações nas praças e de ocupar os lugares mais importantes nas sinagogas e os lugares de honra nos banquetes. Eles devoram as casas das viúvas e, para disfarçar, fazem longas orações. Esses receberão condenação mais severa!" (*Marcos*, 12: 38 a 40)

Aí, não me contive. Sabedor das tendências de religiosos opulentos lá na Terra, perguntei o que dizer dos luxuosos templos por lá que estão em contradição com a miséria no mundo...

Paulus refletiu e me disse:

- O verdadeiro templo é o nosso corpo que não pode se profanado. Entendemos que toda religião tem necessidade de pagar as suas despesas lá na Terra e, se possível, até construir um templo que seja bonito e confortável para abrigar os seus fiéis, mas não que seja necessariamente luxuoso. Afinal, é mais importante amparar os necessitados do que levantar palácios de pedra que inevitavelmente serão destruídos com o passar do tempo...*

Vamos nos lembrar daquela passagem de Jesus que, ao chegar ao templo e deparar com a quantidade de vendedores que ali comercializavam mercadorias, expulsou os comerciantes daquele local sagrado. A atitude de Jesus demonstra o zelo pela casa do Senhor e o seu inconformismo e dor por ver desvirtuada a destinação própria do lugar.

As práticas religiosas perdem, assim, o caráter místico ou sagrado para se tornarem fonte de lucro fácil e desonesto. Um comércio espúrio e imoral. Nesses casos, o templo deixa de ser o local sagrado para se tornar um lugar de comércio e de exploração, infelizmente.

De que adianta a construção de templos suntuosos lá na Terra se milhões de pessoas morrem sofrendo, sem teto, sem assistência médica, sem medicamentos e - o que pior! - passando fome?!

Ai daqueles que, podendo ajudar aos empobrecidos, preferem destinar grandes verbas para o soerguimento de templos exageradamente luxuosos...

A atitude de Jesus vem, portanto, em resgate do verdadeiro sentido do espaço destinado à oração e ao encontro com Deus.

- Sabe que você tem razão, Paulus? E uma coisa é certa: você deveria inspirar alguém na Terra a fazer um livro para que essa publicação pudesse adiantar as pessoas nas leis de Deus...

Foi aí que, para surpresa minha, o querido Paulus falou:

- Sabe, eu estou inspirando um médium lá na Terra a fazer isso por intermédio de você, contando a sua história, Richard, e narrada por você...

- Mas eu não sei se tenho capacidade para isso...

- Tem sim, Richard e irá fazê-lo na hora certa.[6]

Por alguns dias, eu e Paulus conversamos distraidamente, e em um desses dias, perguntei a ele sobre qual seria o maior dos mandamentos da lei de Deus... ao que ele me respondeu da seguinte forma:

O maior mandamento

> "Um dos mestres da lei aproximou-se e os ouviu discutindo. Notando que Jesus lhes dera uma boa resposta, perguntou-lhe: "De todos os mandamentos, qual é o mais importante?" Respondeu Jesus: "O mais importante é este: 'Ouça, ó Israel, o Senhor, o nosso Deus, o Senhor é o único Senhor. Ame o Senhor, o seu Deus, de todo o seu coração, de toda a sua alma, de todo o seu entendimento e de todas as suas forças'. O segundo é este: 'Ame o seu próximo como a si mesmo'. Não existe mandamento maior do que estes". "Muito bem, mestre", disse o homem. "Estás certo ao dizeres que Deus é único e que não existe outro além dele. Amá-lo de todo o coração,

[6] Nota do autor: Vejam como é a espiritualidade. A primeira parte deste livro foi psicografada por mim no ano de 1997 e jamais foi publicada, ainda que tivesse enviado sua sinopse para várias editoras que o recusaram. Tão somente agora, dezessete anos depois, é que a Editora Ideia Jurídica, através de seu editor, Claudio Luiz Brandão, resolveu publicá-la, e aí sentimos a necessidade de psicografar a outra metade, finalizada em outubro de 2014, consoante com a fala do querido Paulus! Deus seja louvado, como louvados são todos os seus espíritos santos e de luz!

de todo o entendimento e de todas as forças, e amar ao próximo como a si mesmo é mais importante do que todos os sacrifícios e ofertas". Vendo que ele tinha respondido sabiamente, Jesus lhe disse: "Você não está longe do Reino de Deus". Daí por diante ninguém mais ousava lhe fazer perguntas." (*Marcos*, 12: 28 a 34)

O Caso do Médico Soberbo...

Entusiasmado com o caso de Sartre, fui designado para um caso complicado. Um doutor brasileiro falecido no Rio de Janeiro que tinha sido um médico excepcional, mas com alma de cientista, não tão somente não acreditava em Deus como o combatia.

Esse senhor era mais complicado porque vaidoso. Quando esteve na Terra, mais particularmente no Rio de Janeiro, formou-se cedo como médico neurologista e rapidamente conseguiu o respeito de seus colegas e dos seus clientes.

De fato, fora um excelente médico, porém, como enriqueceu cedo demais – afinal cobrava alto as suas consultas –, botou uma pose além da medida, tendo participado de programas de rádio, TV e escrito para jornais. Descobriu que dava audiência e por isso mesmo, achando que seria mais ouvido, deitou falação contra as religiões. E, como não bastasse, contra Deus.

Na verdade, riqueza à parte, só era gentil com os poderosos e com aqueles de quem poderia auferir cada vez mais dinheiro. Seu sucesso fez com que ele montasse a sua própria clínica com apenas dez anos de profissão e aí, meus amigos, ninguém o segurava.

– Quem está aí? É um pesadelo... O que está ocorrendo comigo... Não vejo nada, não ouço, mas parece que apesar disso estou vivo... Quem está aí... Estou com medo – exclamou e caiu em um choro compulsivo.

Foi aí que entrei:

– Caro dr. Lívio... você fez a passagem.

– Passagem... Que passagem é essa que me deixou cego e surdo por tanto tempo...

– Caro Lívio, você passou pelo fenômeno chamado "morte" na Terra, só que, como você vê, a vida continua depois da morte...

– Continuar para que – perguntou Lívio – para ficar cego e surdo como eu fiquei por tanto tempo, enclausurado na minha mente? De que adianta isso?

– Você disse bem, Lívio: "enclausurado na sua própria mente". Foi isso o que aconteceu com você. Pelos seus 53 anos de vida na Terra, você foi um médico importante, orgulhoso, e pensou saber tudo por meio da limitada ciência da Terra... E também por orgulho, o que você não via e não podia provar para você não existia. E aí, achando todos os religiosos pessoas ignorantes, além de ganhar muito dinheiro, você saiu combatendo a espiritualidade. Logo, combatendo a ideia de Deus. Não faltou quem lhe dissesse "Cuidado! Olha a lei do retorno!", mas você desprezava esse tipo de conselho. Pois bem, Lívio, como o corpo físico não é eterno, acometido de um AVC, seu corpo de repente morreu, e você não se viu em lugar nenhum... Por quê? Porque nós somos aquilo que cremos e como você, meu amigo, não acreditava em nada, logo o nada se manifestou no seu corpo astral mergulhado na mais profunda escuridão... nada via, nada ouvia...

- Sendo isso verdade, então existe vida após a morte? - falou Lívio. Mas com essa péssima qualidade?

- Não, amigo. A vida na espiritualidade mais desenvolvida é maravilhosa, mas devido à lei de causa e efeito, você precisava passar esses anos todos até cair em si e pedir ajuda, pressentindo a nossa presença e dizendo: "Quem está aí? É um pesadelo... O que está ocorrendo comigo... não vejo nada, não ouço, mas parece que apesar disso estou vivo... Quem está aí... pelo amor de Deus".

- Sim, disse Lívio -, pelo amor de Deus foi força de expressão, pois não acredito nele..."

- Calma, Lívio. Não estou aqui para lhe provar o óbvio, que toda causa tem um efeito e que todo efeito tem um criador. Logo, mesmo que você não queira acreditar nisso, Deus existe e nos permite que aprendamos pelo nosso próprio pensamento...

- Já que você sabe tudo, quem é Deus? Ou o que é Deus, hein, sabichão???

- Vou ler para você apenas um pequeno trecho de "*O Livro dos Espíritos*", de Allan Kardec, sobre este assunto: Deus.

> **"1. Que é Deus?**
>
> — Deus é a inteligência suprema, causa primária de todas as coisas.
>
> **2. O que devemos entender por infinito?**

> – Aquilo que não tem começo nem fim; o desconhecido; todo desconhecido é infinito (2).
>
> **3. Poderíamos dizer que Deus é o infinito?**
>
> – Definição incompleta. Pobreza da linguagem dos homens, insuficiente para definir as coisas que estão além de sua inteligência."

Depois de uma longa pausa, alguns soluços, dr. *Lívio me disse:*

- Então, se Deus realmente existe... você que fala comigo...é um... anjo...?

- Pode me chamar assim, se quiser, Lívio. Mas, eu acho que sou apenas um espírito que está há mais tempo na espiritualidade do que você...

Lívio coçou a cabeça e disse:

- Puxa... não é que esse tal de Deus existe mesmo?... Agora ele é rancoroso, hein, por isso estou às cegas... Ele anda me castigando!

- Não, meu amigo. Deus não castiga ninguém. Pelo contrário, ele nos cria a todos com as mesmas possibilidades de aprendizado, todavia, uns aprendem mais rapidamente, outros de forma mais lenta. No seu caso de ateu, custou para você cair em si e pedir ajuda. Vale dizer: como recalcitrante, você foi parar no umbral não porque Deus mandou, mas porque as suas baixas vibrações em favor do dinheiro e do sexo desenfreado, mais a oposição à ideia do Pai (Deus) o conduziram até lá. Meu irmão, na espiritualidade é assim: os espíritos sempre estarão junto daqueles que têm afinidades de vibração iguais...

- Então - disse Lívio -, isso quer dizer que eu vou ficar cego e surdo para sempre? Aliás, sendo surdo, como é que estou te ouvindo?

- Simples, meu amigo. Depois de um certo tempo aqui, desenvolvemos a telepatia, ou seja, a capacidade de nos comunicarmos pelo sexto sentido e não pelos vocábulos, por isso você me ouve... Mas amigo, eu e o meu parceiro Sereno vamos lhe aplicar uns passes e vamos pedir ajuda a Jesus e aos bons espíritos, para que nossos passes magnéticos sejam tão fortes que lhe restaurem a visão e a audição. Mas agora vou lhe dar um passe para que você durma, e o colocaremos no nosso veículo para ser levado ao Sanatório de modo a ser tratado.

Assim, Lívio adormeceu, enquanto uma equipe o levava, e Sereno e eu seguimos para Simple Mind, felizes e com a certeza do dever cumprido.

Voltando para Simple Mind e conversando com Sereno, afirmei que nunca tinha questionado a existência do umbral e qual seria a opinião dele sobre um lugar reparador de erros *tão sombrio e sofredor*. Foi aí que ele me respondeu:

- O umbral é uma região de grande sofrimento, por muitos confundida com o inferno. E para muitos não deixa de sê-lo, por darem a impressão de que as penas por eles próprios impostas seriam eternas. Não são, embora para alguns pareçam durar séculos.

O umbral é destinado ao esgotamento de resíduos mentais; uma espécie de zona purgatorial em que se queima a prestações, dia-a-dia, o material deteriorado das ilusões que a criatura adquiriu por atacado em seu passado , menosprezando o progresso possível de uma existência terrena. Concentra-se no umbral todo sentimento inferior que não tem finalidade para a vida superior. Aqui alguns exemplos: vingança, ódio, inveja, rancor, raiva, orgulho, soberba, vaidade, ciúme excessivo etc. O espírito impregnado com esses sentimentos se encontra intoxicado.

Todas as pessoas se atraem por afinidades e semelhanças. Isto acontece na Terra e no mundo espiritual. Desta forma, todas as pessoas com sede de vingança e ódio acabam se atraindo para localizações comuns do outro lado da vida. E juntas as forças mentais dessas pessoas acabam construindo todo o ambiente. Fica fácil perceber de que não se trata de um local bonito e agradável.

O umbral nada mais é do que o reflexo dos pensamentos, desejos e vontades de inúmeras pessoas semelhantes nos sentimentos negativos que desarrumam o ser humano e o afastam de Deus. Estes sentimentos intoxicam a alma e dificultam ou impedem que essas pessoas recebam ajuda de parentes, amigos e espíritos superiores. Na Terra só é possível ajudar as pessoas que querem receber ajuda, que aceitam a ajuda, e para ser ajudado você precisa primeiro reconhecer o erro. Lá do outro lado é a mesma coisa. Se você sofre por ter dentro de si o sentimento de ódio, só pode ser curado deste sofrimento se conseguir perceber que precisa de ajuda. Somente nessa situação é que você consegue ser ajudado a sair do umbral. Lá, segundo Jesus, "haverá trevas e ranger de dentes".

Sabia que o que tinha conduzido esse importante médico a ficar tanto tempo sofrendo no umbral tinha sido a lei de causa e efeito que os hindus chamam de carma*.

O carma é o mesmo que a lei de causa e efeito que se encontra em "*O Livro dos Espíritos*", de Allan Kardec, só que não usando a palavra carma, que é uma denominação que se encontra principalmente no budismo e hinduísmo. É a certeza de que como alguém vive sua vida vai determinar a qualidade de vida dessa pessoa ao reencarnar.

Em outras palavras, se alguém deixar de ser egoísta e é gentil e santo durante sua vida, essa pessoa vai ser recompensada ao reencarnar (renascer em um novo corpo terreno ou não) com uma vida agradável. No entanto, se alguém viver uma vida de egoísmo e perversidade, essa pessoa vai reencarnar em uma vida muito mais problemática. "A cada um será dado segundo as suas obras", disse Jesus.[7] Em outras palavras, semearemos na outra vida o que plantarmos nesta. O carma é baseado na reencarnação.

Como se sabe, aqui se faz aqui se repara, de acordo com a lei de ação e reação, ou segundo Jesus: "A cada um será dado segundo suas obras".

A respeito disso, o espírito Humberto de Campos narra um fato ocorrido com dona Maria Augusta da Silva. Ela, ao retornar à sua fazenda, às margens do rio Paraíba, na antevéspera do Natal de 1856, depois de um ano de passeio na cidade do Rio de Janeiro, tomou conhecimento de que, durante o período em que estivera fora, seu filho engravidou sua escrava Matilde.

Diante disso, levou a escrava à noite até as margens do rio Paraíba e sentenciou para ela: "Você está livre, mas fuja de minha presença. Atravesse o rio e desapareça".

---

7 A cada um segundo será dado segundo as suas obras.

E a um sinal da perversa fazendeira, o capataz desalmado chicoteou a pobre escrava, fazendo-a cair na corrente profunda do rio.

"Socorro! Socorro, meu Deus! Valei-me, Nosso Senhor!", gritou Matilde, debatendo-se nas águas. Todavia, daí a instantes, apenas um cadáver de mulher descia o rio abaixo, cercado pelo silêncio da noite...

Passados cem anos, a ex-fazendeira Maria Augusta, reencarnada na cidade de Passa Quatro, Minas Gerais, sofria no lar as mesmas dificuldades dos escravos de outros tempos nas senzalas.

Na antevéspera do Natal de 1956, um horrível temporal desabou sobre a região, alagando tudo em derredor da sua casa. A pobre senhora (a ex-fazendeira), vendo a água invadir a sua residência, saiu da casa com o marido e as crianças.

Dada a quantidade de água, acabou por se separar de todos, e ao tombar no rio gritou as mesmas palavras da escrava Matilde ao se afogar: "Socorro! Socorro, meu Deus! Valei-me, Nosso Senhor!". Todavia, decorridos alguns momentos apenas, um cadáver de mulher descia a correnteza, cercado pelo silêncio da noite...

Assim, a ex-fazendeira do Vale do Paraíba, reencarnada cem anos depois, reparava o débito que contraíra perante as leis de Deus.

Este fato está no capítulo 23 do livro "*Contos e Apólogos*", psicografado pelo médium Chico Xavier.

"Vossas palavras não vos voltam vazias...", disse o amado mestre Jesus, em uma clara alusão de que tudo se faz através da manifestação do verbo, ou seja, da vontade humana desde que esta não seja dissonante da vontade de Deus. Nessa importante frase, Jesus nos alerta para o valor da prece quando nos ensinou a oração do Pai-Nosso...

A oração do Pai-Nosso é uma oração que Jesus ensinou a seus discípulos em Mateus 6:9-13 e Lucas 11:2-4. Mateus 6:9-13 diz: "Portanto, vós orareis assim: Pai nosso, que estás nos céus, santificado seja o teu nome; Venha o teu reino, seja feita a tua vontade, assim na terra como no céu; O pão nosso de cada dia nos dá hoje; E perdoa-nos as nossas dívidas, assim como nós perdoamos aos nossos devedores; E não nos induzas à tentação; mas livra-nos do mal; porque teu é o reino, e o poder, e a glória, para sempre. Amém".

Muitas pessoas erroneamente compreendem a oração do Pai-Nosso como uma oração que devemos fazer palavra por palavra. Alguns tratam a oração do Pai-Nosso quase como uma fórmula mágica, como se as palavras por si só tivessem algum poder específico ou influência sobre Deus.

A Bíblia nos ensina o oposto. Deus está muito mais interessado em nossos corações quando oramos do que em nossas palavras. Mateus 6:6 nos ensina: "Mas tu, quando orares, entra no teu aposento e, fechando a tua porta, ora a teu Pai que está em secreto; e teu Pai, que vê em secreto, te recompensará publicamente". Mateus 6:7 continua e diz: "E, orando, não useis de vãs repetições, como os gentios, que pensam que por muito falarem serão ouvidos". Na oração, devemos derramar nossos corações a Deus (*Filipenses*, 4:6-7), e não simplesmente recitar a Deus palavras memorizadas.

Em vez disto, a oração do Pai-Nosso deve ser entendida como um exemplo, um padrão de como orar. A oração do Pai-Nosso nos ensina a orar. Ela nos dá os "ingredientes" que devem fazer parte da oração. Eis aqui como se esmiuça: "Pai nosso, que estás nos céus" nos ensina a quem devemos dirigir nossas orações, ao Pai. "Santificado seja o Teu nome" nos diz para adorarmos a Deus, e louvá-lo por quem Ele é. A expressão "Venha o teu reino, seja feita a tua vontade, assim na terra como no céu" é um lembrete de que devemos orar pelo plano de Deus em nossas vidas e no mundo, não o nosso próprio plano. Devemos orar para que seja feita a vontade de Deus, não por nossos desejos. Somos encorajados a pedir a Deus pelas coisas de que precisamos em "O pão nosso de cada dia nos dá hoje". "E perdoa-nos as nossas dívidas, assim como nós perdoamos aos nossos devedores" nos lembra que confessemos nossos erros a Deus e nos desviemos deles - e também que perdoemos os outros assim como Deus já nos perdoou. A conclusão da oração do Pai-Nosso: "E não nos induzas à tentação; mas livra-nos do mal" é uma petição por socorro em alcançar a vitória sobre o erro e um pedido por proteção contra os ataques da ignorância.

Mais uma vez, a oração do Pai-Nosso não é uma oração para memorizarmos e recitar a Deus. É apenas um exemplo de como devemos orar. Há algo de errado em memorizar a oração do Pai-Nosso? Claro que não! Há algo errado em fazer a oração do Pai-Nosso a Deus? Não, se o seu coração está nela e você verdadeiramente sente as palavras que diz. Lembre-se: em oração, Deus está muito mais interessado em nossa comunhão com Ele e na sinceridade de nossos corações do que em palavras específicas que possamos usar. Filipenses 4:6-7 declara: "Não estejais inquietos por coisa alguma; antes as vossas petições sejam em tudo conhecidas diante de Deus pela oração e súplica, com ação de graças. E a paz de Deus, que excede todo o entendimento, guardará os vossos corações e os vossos sentimentos em Cristo Jesus".

Gostava muito desses trabalhos no Sanatório até que Joaquim me disse que a governadora, Miss Malley, estava querendo falar comigo. Fui à casa dela e aí fiquei sabendo que o Ministério da Lei de Causa e Efeito (foi a primeira vez que ouvi falar desse nome...) havia expedido a ordem de que eu teria de reencarnar na Terra na próximas semanas, mais particularmente no Brasil!

- Mas como?! - perguntei estupefato. Estou muito bem aqui em Simple Mind. Absolutamente adaptado e agora vou para esse país estranho...!

- Querido, disse Miss Malley, uma ordem dessas é coerente com o seu carma, ou seja, com o resultado das causas e dos efeitos das suas vivências passadas! Não se discute! Cumpre-se!

- Como é que eles sabem disso? Do meu carma? Andaram me espiando a vida inteira? - perguntei fazendo-me de inconformado!

- Ric, nas altas esferas dos grandes espíritos existe um arquivo que alguns dão o nome de akáshico, e é nesse arquivo que está registrada a soma de todas as boas ações, mas também ficam registrados os nossos erros.

- Então eles podem ver tudo?!

– Não. Seria invasão da privacidade. Mas podem saber dos resultados. Só quem pode ver tudo da sua vida será um dia você mesmo, ainda assim só quando você tiver mérito para isso, ou quando você autorizar um outro espírito para vê-lo.

– Tá bom. Mas para quando será essa tal de reencarnação?

– Daqui a alguns dias. Até lá, vá se preparando...

– Tô apavorado... vou ser neném de novo? Vou perder a consciência? Vou reaprender a falar o português? Vai doer? Em que família vou nascer?

– Fique tranquilo. Claro que você será neném de novo, senão de que outra forma você teria o afeto dos seus futuros pais? Nascendo adulto?!!! Temporariamente, você terá a sua consciência limitada até a completa formação do cérebro do neném, vale dizer, por absoluta necessidade de aprendizado, você estará mergulhado na vida física e reaprendendo a falar o português e os costumes da vida no Brasil. Do ponto de vista de dor, não; A reencarnação não dói. Quando a hora chegar, Paulus, o seu espírito protetor (para muitos tido como anjo de guarda), irá lhe dar um passe hipnótico e você perderá a consciência no exato momento em que seu futuro pai fecundar o óvulo de sua futura mãe. Aí, meu amigo, lá estará você no óvulo fecundado e futuro embrião, dormindo pura e simplesmente. Agora, você irá ter um susto na hora de nascer, quando você sair do conforto da bolsa com o líquido amniótico[8]* de sua mãe e, pelo

[8] O líquido amniótico ajuda o desenvolvimento do bebê, que ao se movimentar em um meio fluido permite o crescimento ósseo e desenvolvimento motor adequados. O adequado desenvolvimento dos pulmões (o bebê só respira efetivamente no parto, quando o ar entra

rompimento deste, você for projetado para respirar o oxigênio da atmosfera terrestre. Aí, você vai chorar... mas não se assuste! Será sinal de que você nasceu e tem saúde. De resto, por mérito seu, você estará em boas mãos...

"Não me assustar?!", pensei, "já estou assustadíssimo!".

Fui para casa, mas logo ao chegar na porta, lá estava o Paulus, não o avô dele, mas o neto, aquele que me socorreu quando do acidente no circo, lembram-se?

– Meu amigo – exclamou, abrindo os braços e os lábios num largo sorriso, típico de um ente querido que não me via já há algum tempo...

Foi só vê-lo, convidei-o a entrar e desabafei:

---

nas suas veias respiratórias e provoca o espasmo para respirar) mantém a temperatura intrauterina constante, protegendo o bebê da perda de calor. Também protege o bebê do exterior, ao proporcionar uma camada protetora que funciona como um amortecedor contra choques ou movimentos bruscos.

No início, o líquido amniótico é produzido na placenta, por volta do 12º dia após a concepção e com água do corpo da mãe. A partir do 4º mês da gravidez (por volta da 20ª semana), os rins do bebê começam a funcionar e tomam a seu cargo a produção do líquido amniótico, que passa a ser constituído, sobretudo, por urina fetal.

O nível de líquido amniótico varia ao longo da gravidez. Aumenta regularmente até as 32-33 semanas de gestação, altura em que atinge o seu nível mais elevado. Por volta da 33ª semana da gravidez, o líquido amniótico é de cerca de 800-1.000 mL e da 40ª semana, já é de cerca de 600-800 mL.

O líquido amniótico está em constante movimento dentro do saco amniótico e renova-se continuamente, de duas em duas horas. O bebê flutua, movimenta-se, engole e "respira" o líquido, para depois expeli-lo de novo.

– Poxa, meu... tô indo tão bem no Sanatório, aqui em Simple Mind, e dez anos apenas são passados dos tempos da Terra e já vou me mudar? Nos Estados Unidos, morri jovem ainda... Passei pouco tempo na primeira colônia e me mandaram para Simple Mind... Acho que faço um bom trabalho aqui e agora essa: vou nascer de novo lá na Terra... ser neném de novo, ter de passar de volta pela primeira infância, adolescência e o que pior, ter de viver em um país do terceiro mundo...

Foi o que bastou para que Paulus me interrompesse:

– Alto lá! Olha o preconceito. O Brasil está muito mais para um país do segundo mundo do que um país do terceiro mundo!

– É? – perguntei –, e o que quer dizer isso?

– Quer dizer que o Brasil tem bolsões de primeiro mundo, uma mentalidade "segundo mundista" que, infelizmente, centraliza a renda, mas está caminhando aos trancos e barrancos para atingir o *status* de primeiro mundo.

– E aí que eu entro nele e você acha isso bom?

– Acho! Sabe por quê? Porque lá você será uma dessas crianças que estão nascendo cada vez mais evoluídas, e você, Ric, será muito importante para o desenvolvimento daquele país, falando espiritualmente e falando até materialmente...

– Quem te disse? – perguntei, não escondendo a irritação.

Paulus sorriu e completou:

– Ric, Ric.... Tem horas que você parece uma criança... Fique frio, rapaz! Aqui você teve uma grande vitória com alguém, nada mais, nada menos do que Jean-Paul Sartre!

Essa sua vitória repercutiu e seus espíritos superiores (anjos de guarda para alguns) chegaram à conclusão de que você está pronto para voos mais altos.

- Voos mais baixos, você quer dizer - respondi.

- Ric, o fato de você ir reencarnar lá na Terra não quer dizer que você vai voar baixo ou alto... Ainda não aprendeu que tudo é uma só coisa? Ô, amigo, fazemos parte da humanidade e essa humanidade faz parte do todo: Deus. De que adianta você ter aprendido tanto aqui nas colônias espaciais, se guardar para você mesmo e não redistribuir para os outros...

- Mas, Paulus, esses outros são os da Terra, um planeta de expiação e provas, com tanta gente desequilibrada e tanta violência... Qual de nós, de sã consciência, seria capaz de "descer" prazerosamente e reencarnar na Terra?! Já imaginou o sacrifício?!

- Já! - respondeu Paulus -, e vou te dizer de um só que fez isso há dois mil anos, Micael, na Terra chamado de Jesus, o Nazareno! Micael, Ric, chegou ao máximo que a espiritualidade permite a alguém chegar! Criado por Deus como todos nós, mas muito anteriormente a todos nós, há trilhões de anos, nasceu em um planeta em formação, foi passando para o mineral, vegetal, animal e, finalmente, para o reino hominal, transformado-se em homem (espírito) por mérito próprio de evolução, seguiu toda a roda das reencarnações (a samsara dos budistas) e, depois de bilhões de anos de aprendizado, transformou-se em um dos mais importantes arcanjos do Senhor. Mas voltando a Micael (Jesus), este se reuniu com uma equipe de engenheiros siderais e sob sua coordenação e com a supervisão de Deus, criou todo o projeto da presente humanidade na Terra, e por que não dizer, no atual universo que está sento tão somente agora conhecido, e ainda de forma rudimentar, pelos cientistas da Terra. Há passagens fantásticas de Micael na Terra. Veja esta, por exemplo:

> "E, entrando no barco, passou para o outro lado, e chegou à sua cidade. E eis que lhe trouxeram um paralítico, deitado numa cama. E Jesus, vendo a fé deles, disse ao paralítico: Filho, tem bom ânimo, perdoados te são os teus pecados. E eis que alguns dos escribas diziam entre si: Ele blasfema. Mas Jesus, conhecendo os seus pensamentos, disse: Por que pensais mal em vossos corações? Pois qual é mais fácil dizer: Perdoados te são os teus pecados; ou Levanta-te e anda? Ora, para que saibais que o Filho do homem tem na Terra autoridade para perdoar pecados (disse então ao paralítico): Levanta-te, toma a tua cama, e vai para tua casa. E, levantando-se, foi para sua casa. E a multidão, vendo isto, maravilhou-se, e glorificou a Deus, que dera tal poder aos homens. E Jesus, passando adiante dali, viu assentado na alfândega um homem, chamado Mateus, e disse-lhe: Segue-me. E ele, levantando-se, o seguiu. E aconteceu que, estando ele em casa sentado à mesa, chegaram muitos publicanos e pecadores, e sentaram-se juntamente com Jesus e seus discípulos. E os fariseus, vendo isto, disseram aos seus discípulos: Por que come o vosso Mestre com os publicanos e pecadores? Jesus, porém, ouvindo, disse-lhes: Não necessitam de médico os sãos, mas, sim, os doentes. Ide, porém, e aprendei o que significa: Misericórdia quero, e não sacrifício. Porque eu não vim a chamar os justos, mas os pecadores, ao arrependimento.

Então, chegaram ao pé dele os discípulos de João, dizendo: Por que jejuamos nós e os fariseus muitas vezes, e os teus discípulos não jejuam? E disse-lhes Jesus: Podem porventura andar tristes os filhos das bodas, enquanto o esposo está com eles? Dias, porém, virão em que lhes será tirado o esposo, e então jejuarão. Ninguém deita remendo de pano novo em roupa velha, porque semelhante remendo rompe a roupa, e faz-se maior a rotura. Nem se deita vinho novo em odres velhos; aliás, rompem-se os odres e entorna-se o vinho, e os odres estragam-se; mas deita-se vinho novo em odres novos, e assim ambos se conservam.

Dizendo-lhes ele estas coisas, eis que chegou um chefe, e o adorou, dizendo: Minha filha faleceu agora mesmo; mas vem, impõe-lhe a tua mão, e ela viverá. E Jesus, levantando-se, seguiu-o, ele e os seus discípulos. E eis que uma mulher que havia já doze anos padecia de um fluxo de sangue, chegando por detrás dele, tocou a orla de sua roupa; Porque dizia consigo: Se eu tão somente tocar a sua roupa, ficarei sã. E Jesus, voltando-se, e vendo-a, disse: Tem ânimo, filha, a tua fé te salvou. E imediatamente a mulher ficou sã. E Jesus, chegando à casa daquele chefe, e vendo os instrumentistas, e o povo em alvoroço, disse-lhes: Retirai-vos, que a menina não está morta, mas dorme. E riam-se dele. E, logo que o povo foi posto fora, entrou Jesus, e pegou-lhe na mão, e a menina levantou-se. E espalhou-se aquela notícia por todo aquele país.

E, partindo Jesus dali, seguiram-no dois cegos, clamando e dizendo: Tem compaixão de nós, filho de Davi. E, quando chegou à casa, os cegos se aproximaram dele; e Jesus disse-lhes: Credes vós que eu possa fazer isto? Disseram-lhe eles:

Sim, Senhor. Tocou então os olhos deles, dizendo: Seja-vos feito segundo a vossa fé. E os olhos se lhes abriram. E Jesus ameaçou-os, dizendo: Olhai que ninguém o saiba. Mas, tendo eles saído, divulgaram a sua fama por toda aquela terra. E, havendo-se eles retirado, trouxeram-lhe um homem mudo e endemoninhado. E, expulso o demônio*, falou o mudo; e a multidão se maravilhou, dizendo: Nunca tal se viu em Israel. Mas os fariseus diziam: Ele expulsa os demônios pelo príncipe dos demônios.

E percorria Jesus todas as cidades e aldeias, ensinando nas sinagogas deles, e pregando o evangelho do reino, e curando todas as enfermidades e moléstias entre o povo. E, vendo as multidões, teve grande compaixão delas, porque andavam cansadas e desgarradas, como ovelhas que não têm pastor. Então, disse aos seus discípulos: A seara é realmente grande, mas poucos os ceifeiros. Rogai, pois, ao Senhor da seara, que mande ceifeiros para a sua seara." (*Mateus*, 9: 1 a 38)

"E, chamando os seus doze discípulos, deu-lhes poder sobre os espíritos imundos, para os expulsarem, e para curarem toda a enfermidade e todo o mal." (*Mateus*, 10: 1)

V - Diferentes Ordens de Espíritos

"96. Os espíritos são iguais, ou existe entre eles alguma hierarquia?

– São de diferentes ordens, segundo o grau de perfeição a que tenham chegado.

97. Há um número determinado de ordens ou de graus de perfeição entre os espíritos?

– É ilimitado o número dessas ordens, pois não há entre elas uma linha de demarcação traçada como barreira, de maneira que se podem multiplicar ou restringir as divisões à vontade. Não obstante, se considerarmos os caracteres gerais, poderemos reduzi-las a três ordens principais.

Comentário de Kardec: *Na primeira ordem, podemos colocar os que já chegaram à perfeição: os espíritos puros. Na segunda, estão os que chegaram ao meio da escala: o desejo do bem é a sua preocupação. Na terceira, os que estão ainda na base da escala: os espíritos imperfeitos, que se caracterizam pela ignorância, o desejo do mal e todas as mais paixões que lhes retardam o desenvolvimento.*

98. Os espíritos da segunda ordem só têm o desejo do bem; terão também o poder de o fazer?

– Eles têm esse poder de acordo com o grau de sua perfeição: uns possuem a ciência; outros, a sabedoria e a bondade. Todos, entretanto, ainda têm provas a sofrer.

99. Os espíritos da terceira ordem são todos essencialmente maus?

– Não; uns não fazem bem nem mal; outros, ao contrário, se comprazem no mal e ficam satisfeitos quando encontram ocasião de praticá-lo. Há ainda espíritos levianos ou estouvados, mais travessos do que malignos, que se comprazem mais na malícia do que na maldade, encontrando prazer em mistificar e causar pequenas contrariedades, das quais se riem."[9]

[9] Trecho de "*O Livro dos Espíritos*", de Allan Kardec.

- Então, Ric, Micael (Jesus) esteve à frente da gênese planetária, inclusive do Big Bang,[10] que representou a criação do atual universo.

- Você fala em sacrifício ao reencarnar- continuou Paulus. Imagine, então, qual não foi o sacrifício de Micael ao reencarnar na Terra, em uma manjedoura, potencializado pelo Espírito Santo de Deus, filho de Maria e José, da forma mais humilde, tão somente para salvar aquela humanidade de séculos de sofrimento, tão somente porque ela estava se afastando dos ditames de Deus e da compreensão das leis que regem o universo?!

Então, meu amigo, não venha me falar de sacrifício e trate de ir se preparando para reencarnar...

Falar o que depois disso, pensei. Mas tinha o que falar! Sempre fui teimoso e querendo desafiar a sabedoria de Paulus, depois de uma funda respirada, disse:

- Mas há quem não acredite em Jesus... os judeus, por exemplo...

- Pois é, amigo, todos povos da Terra, e é justamente por isso que você, um cristão, é que terá de ir para lá mais uma vez... Ah! E você esqueceu de citar os ateus!

---

10 A teoria do Big Bang descreve o desenvolvimento do universo do momento imediatamente posterior ao seu surgimento até os dias de hoje. Trata-se de um dos diversos modelos científicos que tentam explicar por que o universo é da maneira que é. A teoria faz diversas previsões, muitas das quais puderam ser confirmadas por meio de observações. Como resultado, é a mais popular e aceita das teorias quanto ao desenvolvimento de nosso universo.

Rendi-me às evidências... Tinha mesmo de reencarnar! Lá vou eu de novo, fazer o quê? Afinal, essa é a sina dos trabalhadores de Deus...

- Quanto tempo ainda tenho por aqui? - perguntei.

Paulus me olhou e disse:

- Primeiramente, você deve se dar por feliz porque como todo espírito, você terá direito ao acompanhamento de um espírito guardião, eu mesmo, que devo lhe mostrar onde você irá morar, com que família e irei lhe mostrar, também, qual será a finalidade dessa reencarnação...

- Ah! É assim? Com tudo planejado? Então o destino realmente existe e não se pode fugir dele?

- Quem disse isso? - falou Paulus. O que vou lhe apresentar será como um plano de voo apresentado ao piloto de algum avião lá na Terra: tudo pode dar certo ou não, afinal, o comando do avião é dele e no seu caso, o comando do seu corpo será todo seu.

- Ué! Por que não pode ser tudo já planejado?

- Esqueceu do livre-arbítrio que todos temos? Todos o temos e no seu caso, a história das suas várias vivências passadas e mais essa sua última estada em Simple Mind é que o estão conduzindo à cidade de São Paulo. Mas já é tarde. Vá descansar um pouco, até dormir se quiser. Amanhã cedinho começaremos o intensivo para você tomar conhecimento do que poderá ser essa reencarnação... Ela não lhe será fácil...

"Ah, meu Deus!", pensei. E segui para o meu quarto, no qual fiquei pensando, preocupado, durante quase toda a noite. Já muito tarde é que "preguei" os olhos...[11]

I - O Sono e os Sonhos

"400. O espírito encarnado permanece voluntariamente no envoltório corporal?

- É como perguntar se o prisioneiro está satisfeito sob as chaves. O espírito encarnado aspira incessantemente à libertação, e quanto mais grosseiro é o envoltório, mais deseja ver-se desembaraçado.

401. Durante o sono, a alma repousa como o corpo?

— Não, o espírito jamais fica inativo. Durante o sono, os liames que o unem ao corpo se afrouxam e o corpo não necessita do Espírito. Então, ele percorre o espaço e entra em relação mais direta com os outros Espíritos.

402. Como podemos julgar da liberdade do espírito durante o sono?

— Pelos sonhos. Sabei que, quando o corpo repousa, o espírito dispõe de mais faculdades que no estado de vigília. Tem a lembrança do passado e, às vezes, a previsão do futuro; adquire mais poder e pode entrar em comunicação com os outros espíritos, seja deste mundo, seja de outro.

Frequentemente dizes: "Tive um sonho bizarro, um sonho horrível, mas que não tem nenhuma verossimilhança". Enganas-te. E quase sempre uma lembrança de lugares e de coisas que viste

---

11 Trecho de "*O Livro dos Espíritos*", de Allan Kardec.

ou que verás numa outra existência ou em outra ocasião. O corpo estando adormecido, o espírito trata de quebrar as suas cadeias para investigar no passado ou no futuro.

Pobres homens, que conheceis tão pouco dos mais ordinários fenômenos da vida! Acreditais ser muito sábios, e as coisas mais vulgares vos embaraçam. A esta pergunta de todas as crianças: "O que é que fazemos quando dormimos; o que são os sonhos?", ficais sem resposta.

O sono liberta parcialmente a alma do corpo. Quando o homem dorme, momentaneamente se encontra no estado em que estará de maneira permanente após a morte. Os espíritos que logo se desprendem da matéria, ao morrerem, tiveram sonhos inteligentes. Esses espíritos, quando dormem, procuram a sociedade dos que lhes são superiores: viajam, conversam e se instruem com eles; trabalham mesmo em obras que encontram concluídas, ao morrer. Destes fatos deveis aprender, uma vez mais, a não ter medo da morte, pois morreis todos os dias, segundo a expressão de um santo. Isto para os espíritos elevados; pois a massa dos homens que, com a morte, devem permanecer longas horas nessa perturbação, nessa incerteza de que vos têm falado, vão seja a mundos inferiores à Terra, onde antigas afeições os chamam, seja à procura de prazeres talvez ainda mais baixos do que possuíam aqui; vão beber doutrinas ainda mais vis, mais ignóbeis, mais nocivas do que as que professavam entre vós. E o que engendra a simpatia na Terra não é outra coisa senão o fato de nos sentirmos, ao acordar, ligados pelo coração àqueles com quem acabamos de passar oito ou nove horas de felicidade ou de prazer. O que explica também as antipatias invencíveis é que sentimos, no fundo do coração, que essas pessoas têm uma consciência diversa da nossa, porque as conhecemos sem jamais as ter visto. E ainda o que explica a indiferença, pois não procuramos fazer novos amigos, quando sabemos ter os que nos amam e nos querem. Numa palavra: o sono influi mais do que pensais, sobre a nossa vida.

Por efeito do sono, os espíritos encarnados estão sempre em relação com o mundo dos espíritos, e é isso o que faz que os Espíritos superiores consintam, sem muita repulsa, em encarnar-se entre vós. Deus quis que durante o seu contato com o vício pudessem eles retemperar-se na fonte do bem, para não falirem, eles que vinham instruir os outros. O sono é a porta que Deus lhes abriu para o contato com os seus amigos do céu; é o recreio após o trabalho, enquanto esperam o grande livramento, a libertação final que deve restituí-los ao seu verdadeiro meio.

O sonho é a lembrança do que o vosso espírito viu durante o sono; mas observai que nem sempre sonhais, porque nem sempre vos lembrais daquilo que vistes ou de tudo o que vistes. Isso porque não tendes a vossa alma em todo o seu desenvolvimento; frequentemente não vos resta mais do que a lembrança da perturbação que acompanha a vossa partida e a vossa volta, a que se junta a lembrança do que fizeste ou do que vos preocupa no estado de vigília. Sem isto, como explicaríeis esses sonhos absurdos, a que estão sujeitos tanto os mais sábios quanto os mais simples? Os maus espíritos também se servem dos sonhos, para atormentar as almas fracas e pusilânimes.

De resto, vereis dentro em pouco desenvolver-se uma outra espécie de sonhos; uma espécie tão antiga como a que conheceis, mas que ignorais. O sonho de Joana, o sonho de Jacó, o sonho dos profetas judeus e de alguns indivíduos indianos: esse sonho é a lembrança da alma inteiramente liberta do corpo, a recordação dessa segunda vida de que há pouco eu vos falava.

Procurai distinguir bem essas duas espécies de sonhos, entre aqueles de que vos lembrardes; sem isso, cairíeis em contradições e em erros que seriam funestos para a vossa fé.

Comentário de Kardec: Os sonhos são o produto da emancipação da alma, que se torna mais independente pela suspensão da vida ativa e de relação. Daí uma espécie de clarividência indefinida, que se estende aos lugares os mais distantes ou que jamais se viu, e algumas vezes mesmo a outros mundos. Daí também a lembrança que retraça na memória os acontecimentos verificados na existência presente ou nas existências anteriores. A extravagância das imagens referentes ao que se passa ou se passou em mundos desconhecidos entremeadas de coisas do mundo atual formam esses conjuntos bizarros e confusos que parecem não ter senso nem nexo.

A incoerência dos sonhos ainda se explica pelas lacunas decorrentes da lembrança incompleta do que nos apareceu no sonho. Tal como um relato ao qual se tivessem truncado frases ou partes de frases ao acaso: os fragmentos restantes, sendo reunidos, perderiam toda significação racionai.

403. Por que não nos recordamos sempre dos sonhos?

– Nisso que chamais sono só tens o repouso do corpo, porque o espírito esta em movimento. No sono, ele recobra um pouco de sua liberdade e se comunica com os que lhe são caros, seja neste ou em outros mundos. Mas como o corpo é de matéria pesada e grosseira, dificilmente conserva as impressões recebidas pelo Espírito, mesmo porque o espírito não as percebeu pelos órgãos do corpo.

404. Que pensar da significação atribuída aos sonhos?

– Os sonhos não são verdadeiros, como entendem os ledores da sorte, pelo que é absurdo admitir que sonhar com uma coisa anuncia outra. Eles são verdadeiros no sentido de apresentarem imagens reais para o Espírito, mas que, frequentemente, não têm relação com o que se passa na vida corpórea. Muitas vezes, ainda, como já dissemos, são uma recordação. Podem ser, enfim, algumas vezes, um pressentimento do futuro, se Deus o permite, ou a visão do que se passa no momento em outro lugar a que a alma se transporta. Não tendes numerosos exemplos de pessoas que aparecem em sonhos para advertir parentes e amigos do que lhes está acontecendo? O que são essas aparições senão a alma ou o Espírito dessas pessoas que se comunicam com a vossa? Quando adquiris a certeza de que aquilo que vistes realmente aconteceu, não é isso uma prova de que a imaginação nada tem com o fato, sobretudo se o ocorrido absolutamente não estava no vosso pensamento durante a vigília?

405. Frequentemente se veem em sonhos coisas que parecem pressentimentos e que não se cumprem; de onde vêm elas?

– Podem cumprir-se para o espírito, se não se cumprem para o corpo. Quer dizer que o Espírito vê aquilo que deseja, porque vai procurá-lo. Não se deve esquecer que, durante o sono, a alma está sempre mais ou menos sob a influência da matéria e por conseguinte não se afasta jamais completamente das ideias terrenas. Disso resulta que as preocupações da vigília podem dar, àquilo que se vê, a aparência do que se deseja ou do que se teme. A isso é que realmente se pode chamar um efeito da imaginação. Quando se está fortemente preocupado com uma ideia, liga-se a ela tudo o que se vê.

406. Quando vemos em sonho pessoas vivas, que conhecemos perfeitamente, praticarem atos em que absolutamente não pensam, não é isso um **efeito de pura imaginação?**

– Em que absolutamente não pensam? Como o sabes? Seus espíritos podem vir visitar o teu, como o teu pode visitar os deles, e nem sempre sabes o que pensam. Além disso, frequentemente aplicais, a pessoas que conheceis, e segundo os vossos desejos, aquilo que se passou ou se passa em outras existências.

407. É necessário o sono completo, para a emancipação do espírito?

– Não. O espírito recobra a sua liberdade quando os sentidos se entorpecem; ele aproveita para se emancipar, todos os instantes de descanso que o corpo lhe oferece. Desde que haja prostração das forças vitais, o espírito se desprende, e quanto mais fraco estiver o corpo, mais o espírito estará livre.

Comentário de Kardec: É assim que o cochilar, ou um simples entorpecimento dos sentidos, apresenta muitas vezes as mesmas imagens do sonho.

408. Parece-nos, às vezes, ouvir em nosso íntimo palavras pronunciadas distintamente e que não têm nenhuma relação com o que nos preocupa. De onde vêm elas?

– Sim, e até mesmo frases inteiras, sobretudo quando os sentidos começam a se entorpecer. É, às vezes, o fraco eco de um espírito que deseja se comunicar contigo.

409. Muitas vezes, num estado que ainda não é o cochilo, quando temos os olhos fechados, vemos imagens distintas, figuras das quais apanhamos os pormenores mais minuciosos. É um efeito de visão ou de imaginação?

– Entorpecido o corpo, o espírito trata de quebrar a sua cadeia: ele se transporta e vê, e se o sono fosse completo, isso seria um sonho.

410. Têm-se às vezes, durante o sono ou o cochilo, ideias que parecem muito boas e que, apesar dos esforços que se fazem para recordá-las, se apagam da memória. De onde vêm essas ideias?

– São o resultado da liberdade do espírito, que se emancipa e goza, nesse momento, de mais amplas faculdades. Frequentemente, também, são conselhos dados por outros espíritos.

410 – a) De que servem essas ideias ou esses conselhos, se a sua recordação se perde e não se pode aproveitá-los?

– Essas ideias pertencem, algumas vezes, mais ao mundo dos espíritos que ao mundo corpóreo, mas o mais frequente é que, se o corpo as esquece, o espírito as lembra, e a ideia volta no momento necessário, como uma inspiração do momento.

411. O espírito encarnado, nos momentos em que se desprende da matéria e age como espírito, conhece a época de sua morte?

– Muitas vezes a pressente, e às vezes tem dela uma consciência bastante clara, o que lhe dá, no estado de vigília, a sua intuição. É por isso que algumas pessoas preveem, às vezes, a própria morte com grande exatidão.

412. A atividade do espírito, durante o repouso ou o sono do corpo, pode fatigar a este?

– Sim, porque o espírito está ligado ao corpo, como o balão cativo ao poste. Ora, da mesma maneira que as sacudidas do balão abalam o poste, a atividade do espírito reage sobre o corpo, e pode produzir-lhe fadiga."

Quando estava em um belo sono, ouvi a voz de Paulus me chamando ao longe:

- Ric, acorda! Já amanheceu!

Tentando esconder o mau humor, dei-lhe um sorriso amarelo e ambos fomos tomar um café da manhã caprichado (antes que vocês se assustem com isso e achem absurdo um espírito que toma um café da manhã, devo confessar que, na minha limitação, também acho um absurdo que vocês aí da Terra tomem esse café da manhã em cima de um planeta que gira sobre si mesmo [rotação] e em torno do Sol, a uma velocidade espantosa, e vocês nem se dão conta disso! É ou não é um absurdo? Aliás, absurdo não, é fantástico, como fantástica é a vida! A bem da verdade, se me permitem, fantástico é Deus! E não é um absurdo que muitos de vocês ainda não acreditem nele?!).

Após o café, Paulus me conduziu a uma sala especial ali mesmo, na qual nos aguardava um espécie de espelho que parecia um aparelho de TV. Ali, foi só ele botar uma senha que o aparelho começou a me mostrar o tal do "Plano de voo": fotos e filmes em 3D ou coisa parecida, em altíssima definição. O tal do aparelho não precisava de controle remoto e obedecia cegamente às ordens mentais de Paulus.

Foi aí que eu percebi que nasceria no seio de uma família de um médico de São Paulo, o dr. Arnaldo Nogueira. Seria filho de Marisa, esposa do médico que estava tentando engravidar há anos e, por isso mesmo, como ela já tinha 35 anos, seria uma gravidez de risco.

– Mas por que eu vou sou ser filho deles? Ao nascer irei me esquecer de tudo?

– Vamos por partes – disse Paulus. Respondendo à sua primeira pergunta, você não se lembra, mas há pelo menos quase duzentos anos, você foi pai desse espírito, hoje dr. Arnaldo, e me perdoe, não foi um pai dos melhores, não.

Enquanto ele falava, apareciam algumas cenas dessa época no espelho!

– Pois é. Naquela época, esse seu filho se revelou homossexual, e quando você soube disso, colocou-o para fora de casa e jamais falou com ele pelo resto de sua vida ali.

Você era difícil, machão, um homem rico e não admitia ter um filho "mariquinhas", como você o chamava. Excessivamente rigorosa, essa sua atitude fez com que esse moço se perdesse no vício da bebida, a tal ponto que morreria atropelado anos mais tarde. Agora, em uma outra vida (vivência), essa personalidade, embora efeminada, casou-se com Lívia, que será a sua futura mãe. Todavia, os dois são inimigos do passado, porque ambos eram homossexuais, mas embora não se suportassem nesse passado, tinham uma relação de amor e ódio, e foi isso que os uniu na presente vida na Terra. Acontece, Ric, que ambos desejam profundamente um filho, e a espiritualidade resolveu que você seria esse filho. Afinal, hoje mais esclarecido, você será o grande amor da vida deles e vai apagar toda a incompreensão da vida passada. No entanto, tudo leva a crer que você não terá muito tempo de vida na Terra, tais as atribulações pelas quais você vai passar...

- Mas então vou lá para ter problemas?

- Não só. Você vai lá resgatar um erro seu do passado, ajudar os seus futuros pais a se entender e passará pouco tempo na Terra, porque você já é um espírito de maior evolução e só deve passar lá o tempo suficiente para conseguir tais objetivos.

- Tá bom - disse -, agora me responde: ao renascer na Terra irei esquecer de tudo? Por quê?

- Querido Ric... Você irá esquecer de tudo no momento em que seu pai, o dr. Arnaldo, fecundar óvulo de Lívia. Nesse momento, você (espírito) se ligará àquele óvulo e como o cérebro físico do futuro embrião não está formado, automaticamente e por nove meses, à medida da evolução do embrião, claro, você ficará como que dormindo um grande sono, inconsciente mas com algumas sensações, na medida em que o cérebro da criança for se desenvolvendo, até o dia em que sua mãe der à luz. Aí, Ric, irá acontecer o processo que acontece com todos: o aprendizado da infância, da adolescência, da fase adulta. Na infância, algumas lembranças e até visões de companheiros que a psicologia materialista irá classificar de imaginário irão acontecer, esquecidas com o passar do tempo... E a partir da adolescência é que acontecerá a sua atuação para reconciliar aqueles dois, e na qual também você irá resgatar o perdão daquele seu filho discriminado em um passado tão distante.

- Mas Jesus estará no meu coração?

- Sempre! - disse Paulus. Uma vez cristão, sempre cristão, amigo!

- Agora, Paulus, você me disse que continuará a ser meu anjo guardião... Você irá encarnar ao mesmo tempo comigo nessa vida?

- Não, meu amigo. Irei me encontrar com você sempre que me chamar em prece.

- Quer dizer que o anjo guardião não me poderá ver o tempo todo?

- Claro que não, Ric. A vida é sua e só podemos intervir quando chamados. Aliás, isso serve para qualquer espírito, evoluído ou não.

- Mas, sendo assim, como atuam os espíritos obsessores se não são chamados?

- Como não são chamados? - disse Paulus. Aqueles que são obsedados permitem esse tipo nefasto de intervenção por meio das suas atitudes vibracionais. Ora, prece, Ric, é um tipo de vibração elevada, positiva, e por isso ela dá resultado. Mas, amigo, infelizmente as más atitudes também possuem seus correspondentes vibratórios, que são baixos, negativos e lamentavelmente, por causa deles, atuam com grande prejuízo, atraindo os espíritos inferiores, que acabam obsedando o infeliz espírito recalcitrante no mal (ignorância).

Toda essa preparação durou o dia inteiro e, por que não contar, o equivalente a alguns meses na Terra. Quando se aproximou o dia da reencarnação, fui sentindo um torpor, como alguém que está mergulhando em um sono irresistível... Apaguei.[12]

VIII - Esquecimento do Passado

> **"392. Por que o espírito encarnado perde a lembrança do seu passado?**
>
> – O homem nem pode nem deve saber tudo; Deus assim o quer na sua sabedoria. Sem o véu que lhe encobre certas coisas, o homem ficaria ofuscado como aquele que passa sem transição da obscuridade para a luz. Pelo esquecimento do passado, ele é mais ele mesmo.
>
> **393. Como pode o homem ser responsável por atos e resgatar faltas dos quais não se recorda? Como pode se aproveitar da experiência adquirida em existências que caíram no esquecimento? Seria concebível que as tribulações da vida fossem para ele uma lição, se pudesse lembrar-se daquilo que as atraiu, mas desde que não se recorda, cada existência é para ele como se fosse a primeira, e é assim que ele**

12 Trecho de "*O Livro dos Espíritos*", de Allan Kardec.

está sempre a recomeçar. Como conciliar isso com a justiça de Deus?

– A cada nova existência, o homem tem mais inteligência e pode melhor distinguir o bem e o mal. Onde estaria o seu mérito se ele se recordasse de todo o passado? Quando o espírito entra na sua vida de origem (a vida espírita), toda a sua vida passada se desenrola diante dele; vê as faltas cometidas e que são causa do seu sofrimento, bem como aquilo que poderia tê-lo impedido de cometê-las; compreende a justiça da posição que lhe é dada e procura, então, a existência necessária para reparar a vida física que acaba de se escoar. Procura provas semelhantes àquelas por que passou, ou as lutas que acredita apropriadas ao seu adiantamento e pede a espíritos que lhe são superiores para o ajudarem na nova tarefa a empreender, porque sabe que o espírito que lhe será dado por guia nessa nova existência procurará fazê-lo reparar suas faltas, dando-lhe uma espécie de intuição das que ele cometeu. Essa mesma intuição é o pensamento, o desejo criminoso que frequentemente vos assalta e ao qual resistis instintivamente, atribuindo a vossa resistência, na maioria das vezes, aos princípios que recebestes de vossos pais, enquanto é a voz da consciência que vos fala, e essa voz é a recordação do passado, voz que vos adverte para não cairdes nas faltas anteriormente cometidas. Nessa nova existência, se o espírito sofrer as suas provas com coragem e souber resistir, eleva-se a si próprio e ascenderá na hierarquia dos espíritos quando voltar para o meio deles.

Comentário de Kardec: Se não temos, durante a vida corpórea, uma lembrança precisa daquilo que fomos, e do que fizemos de bem ou de mal em nossas existências anteriores, temos, entretanto, a sua intuição. E as nossas tendências instintivas são uma reminiscência do nosso passado, as quais a nossa consciência - que representa o desejo por nós concebido de não mais cometer as mesmas faltas - adverte que devemos resistir.

394. Nos mundos mais adiantados que o nosso, nos quais não existem todas as nossas necessidades físicas e as nossas enfermidades, os homens compreendem que são mais felizes do que nós? A felicidade, em geral, é relativa; sentimo-la por comparação com um estado menos feliz. Como, em suma, alguns desses mundos, embora melhores que o nosso, não chegaram ao estado de perfeição, os homens que os habitam devem ter motivos de aborrecimento a seu modo. Entre nós, o rico, ainda que não sofra a angústia das necessidades materiais como o pobre, não está menos sujeito a tribulações que lhe amarguram a vida. Ora, pergunto se, na sua posição, os habitantes desses mundos não se sentem tão infelizes quanto nós e não lastimam a própria sorte, já que não têm a lembrança de uma existência inferior para comparação?

– A isto é preciso dar duas respostas diferentes. Há mundos, entre aqueles de que falas, em que os habitantes, situados, como dizes, em melhores condições que vós, nem por isso estão menos sujeitos a grandes desgostos, e mesmo a infelicidades. Estes não apreciam a sua felicidade pelo fato mesmo de não se lembrarem de um estado ainda mais infeliz. Se, entretanto, não a apreciam como homens, o fazem como espíritos.

Comentário de Kardec: *Não há, no esquecimento dessas existências passadas sobretudo quando foram penosas, alguma coisa de providencial, onde se revela a sabedoria divina? É nos mundos superiores, quando a lembrança das existências infelizes não passa de um sonho mau, que elas se apresentam à memória. Nos mundos inferiores, as infelicidades presentes não seriam agravadas pela recordação de tudo aquilo que tivesse suportado?*

Concluamos, portanto, que tudo quanto Deus fez é bem feito e que não nos cabe criticar as suas obras e dizer como ele deveria ter regulado o universo. A lembrança de nossas individualidades anteriores teria gravíssimos inconvenientes. Poderia, em certos casos, humilhar-nos extraordinariamente; em outros, exaltar o nosso orgulho e por isso mesmo entravar o nosso livre-arbítrio.

Deus nos deu, para nos melhorarmos, justamente o que nos é necessário e suficiente: a voz da consciência e nossas tendências instintivas, tirando-nos aquilo que poderia nos prejudicar. Acrescentemos ainda que, se tivéssemos a lembrança de nossos atos pessoais anteriores, teríamos a dos atos alheios, e esse conhecimento poderia ter os mais desagradáveis efeitos sobre as relações sociais. Não havendo sempre motivo para nos orgulharmos do nosso passado, é quase sempre uma felicidade que um véu seja lançado sobre ele. Isso concorda perfeitamente com a doutrina dos espíritos sobre os mundos superiores aos nossos. Nesses mundos, onde não reina senão o bem, a lembrança do passado nada tem de penosa; é por isso que neles se recorda com frequência a existência precedente, como nos lembramos do que fizemos na véspera. Quanto à passagem que se possa ter tido por mundos inferiores, a sua lembrança nada mais é, como dissemos, que um sonho mau.

395. Podemos ter algumas revelações sobre as nossas existências anteriores?

– Nem sempre. Muitos sabem, entretanto, o que foram e o que fizeram; se lhes fosse permitido dizê-lo abertamente, fariam singulares revelações sobre o passado.

396. Algumas pessoas creem ter a vaga lembrança de um passado desconhecido, vislumbrado como imagem fugitiva de um sonho, que em vão se procura deter. Essa ideia não seria uma ilusão?

– Algumas vezes é real; mas quase sempre é também uma ilusão, contra a qual se deve precaver, pois pode ser o efeito de uma imaginação superexcitada.

397. Nas existências corpóreas de natureza mais elevada que a nossa, a lembrança das existências anteriores é mais precisa?

– Sim, à medida que o corpo é menos material, recorda-se melhor. A lembrança do passado é mais clara para aqueles que habitam os mundos de uma ordem superior.

398. As tendências instintivas do homem, sendo uma reminiscência do seu passado, pelo estudo dessas tendências ele poderá conhecer as faltas que cometeu?

– Sem dúvida, até certo ponto; mas é necessário ter em conta a melhora que se possa ter operado no espírito e as resoluções que ele tomou no seu estado errante. A existência atual pode ser muito melhor que a precedente.

398 – a) Pode ela ser pior? Por outras palavras, pode o homem cometer numa existência faltas não cometidas na precedente?

– Isso depende do seu adiantamento. Se ele não souber resistir às provas, pode ser arrastado a novas faltas, que serão a consequência da posição por ele mesmo escolhida. Mas, em geral, essas faltas denunciam antes um estado estacionário do que retrógrado, porque o espírito pode avançar ou se deter, mas não recuar.

399. Sendo as vicissitudes da vida corpórea ao mesmo tempo uma expiação das faltas passadas e provas para o futuro, segue-se que, da natureza dessas vicissitudes, possa induzir-se o gênero da existência anterior?

– Muito frequentemente, pois cada um é punido naquilo em que pecou. Entretanto, não se deve tirar daí uma regra absoluta; as tendências instintivas são um índice mais seguro, porque as provas que um espírito sofre tanto se referem ao futuro quanto ao passado.

Comentário de Kardec: *Chegado ao termo que a Providência marcou para a sua vida errante, o espírito escolhe por ele mesmo as provas às quais deseja se submeter para apressar o seu adiantamento, ou seja, o gênero de existência que acredita mais apropriado a lhe fornecer os meios, e essas provas estão sempre em relação com as faltas que deve expiar. Se nelas triunfa, ele se eleva; se sucumbe, não fará, escolhendo entre o bem e o mal. Negar ao homem o livre-arbítrio seria reduzi-lo à condição de máquina.*

Integrado na vida corpórea, o espírito perde momentaneamente a lembrança de suas existências anteriores, como se um véu as ocultasse. Não obstante, tem, às vezes, uma vaga consciência, e elas podem mesmo lhe ser reveladas em certas circunstâncias. Mas isso não acontece senão pela vontade dos espíritos superiores, que o fazem espontaneamente, com um fim útil e jamais para satisfazer uma curiosidade vã, tem de recomeçar.

O espírito goza sempre do seu livre-arbítrio. É em virtude dessa liberdade que, no estado de espírito, escolhe as provas da vida corpórea e, no estado de encarnado, delibera o que fará ou não fará, escolhendo entre o bem e o mal.

As existências futuras não podem ser reveladas em caso algum, por dependerem da maneira por que se cumpre a existência presente e da escolha ulterior do Espírito.

O esquecimento das faltas cometidas não é obstáculo à melhoria do Espírito porque, se ele não tem uma lembrança precisa, o conhecimento que delas teve no estado errante e o desejo que concebeu de as reparar guiam-no pela intuição e lhe dão o pensamento de resistir ao mal. Este pensamento é a voz da consciência, secundada pelos Espíritos que o assistem, se ele atende às boas inspirações que estes lhe sugerem.

Se o homem não conhece os próprios atos que cometeu em suas existências anteriores, pode sempre saber qual o gênero de faltas de que se tornou culpado e qual era o seu caráter dominante. Basta que se estude a si mesmo e poderá julgar o que foi, não pelo que é. mas pelas suas tendências.

As vicissitudes da vida corpórea são, ao mesmo tempo, uma expiação das faltas passadas e provas para o futuro. Elas nos depuram e nos elevam, se as sofremos com resignação e sem reclamações.

A natureza das vicissitudes e das provas que sofremos pode também esclarecer-nos sobre o que fomos e o que fizemos, como neste mundo julgamos os atos de um criminoso pelo castigo que a lei lhe inflige. Assim, este será castigado no seu orgulho pela humilhação de uma existência subalterna; o mau rico e avarento, pela miséria; aquele que foi duro para os outros, pelos tratamentos duros que sofrerá; o tirano, pela escravidão; o mau filho, pela ingratidão dos seus filhos; o preguiçoso, por um trabalho forçado etc.”

Nove Meses Depois

Dr. Arnaldo mesmo sendo médico e sabendo que as maiorias dos partos acontecem com absoluta tranquilidade, ainda assim se apresentava muito nervoso na sala de espera do Hospital das Clínicas, enquanto sua mulher estava na sala cirúrgica. Afinal, pela sua idade, o parto seria por meio de uma cesariana e ele, preocupado, tinha medo que alguma sequela acontecesse e receio de que o menino nascesse com alguma anormalidade.

Não houve.

Minutos depois, meu berreiro de neném tirava-lhe toda a sombra do rosto, enquanto, minutos depois, a enfermeira Judith, com o melhor dos seus sorrisos, aparecia na porta da sala de espera dizendo: parabéns, papai, é um menino!

Tempo que passou rápido e dessa época, a lembrança que tenho é já rapazote e até vivendo uma vida boa. Estranhamente, vez por outra via um estranho na minha casa. Desde novinho, só eu que via. Com o passar dos anos, essa imagem foi ficando difusa, sumida mesmo.

Aos poucos, adaptei-me à casa, ao bairro do Morumbi e por todo esse tempo sequer lembrei da minha outra encarnação lá na longínqua América do Norte. Mamãe Lívia era um amor e se desdobrava em cuidados comigo. Já papai, apesar de médico conceituado, não perdia o seu jeito afetado, quase feminino, e distante. Parecia que tinha mágoa de mim... Sempre que os dois discutiam, eu, atrás da porta, o ouvia dizer que o meu nascimento tinha sido o motivo do afastamento dos dois. Na verdade, papai morria de ciúmes de mim.

O tempo foi passando, rapaz da classe média alta, tive todas as oportunidades possíveis e logo, logo, entrei para a faculdade de medicina. Bom aluno, acabei me formando médico psiquiatra.

Foi alguns anos depois, eu já com oito anos de formado e uma carreira solidificada, que acabei sabendo o que sempre desconfiara: papai, novo ainda, estava sofrendo do Mal de Alzheimer. Mamãe pedia que eu jamais deixasse de cuidar dele. Sua doença ainda estava no começo, mas vez por outra, quando no consultório ou mesmo em casa, ele me chamava de doutor e se esquecia completamente de que eu era o seu filho.

Numa dessas conversas foi que papai me disse que casara com a mamãe mais para dar uma satisfação à sociedade, já que não tinha nenhuma atração por ela ou por qualquer outra mulher.

Sentia-se homossexual.

Desde então, tratei-o como podia, usando toda a técnica que sabia e os medicamentos necessários. Ao contrário do que poderia ser a revolta de um filho heterossexual, usei de todo o amor possível; fiz de tudo para compreendê-lo. Pela primeira vez, não usava palavras de condenação e entendia as nuances de um ser humano como algo necessário à sua evolução, mesmo que não tivesse uma explicação na ponta da língua. Desconfio que mamãe sabia da dúvida sexual de papai, mas amando-o como parecia amar, simplesmente fingia que não sabia.

Já homem feito, médico psiquiatra, vi-me agradecido a Deus por ter um consultório e por ter adquirido a técnica necessária para cuidar dos meus pacientes e, principalmente, por poder cuidar de meu pai.

Ao longo dos últimos dez anos da vida dele, o Alzheimer tinha avançado, e a situação havia se invertido: meu pai achava que eu era o pai dele e vou-lhes dizer sinceramente: cada vez mais eu sentia que o era de fato. Dei-lhe toda a assistência que pude, ouvi dele todas as suas intimidades e, pela primeira vez, percebi que naquele corpo grande e desengonçado de homem estava presa uma alma de mulher.

Não havia o que condenar.

Não havia o que perdoar.

À minha frente estava meu pai, mas já há alguns anos, com o avanço da doença, na verdade ganhara um filho, que me imaginava como se seu pai fosse.

Foi uma luta e durante o tempo todo do seu longo tratamento, jamais papai falou qualquer coisa dessas para a minha mãe. Supreendentemente, algumas vezes ele se lembrava de que Lívia era a sua mulher. Mas a mim, jamais voltara a me tratar como filho, e só me chamava de papai.

Foi assim que já no final da sua vida e eu já na meia idade, aos 45 anos, preparei-me para o seu desenlace iminente. Cada vez mais agravava-se sua dependência química e psicológica até aquela quarta-feira fatídica em que papai passou mal no meu consultório. Pensei que seria mais uma daquelas crises de ausência... Não era. Foi mesmo um mal súbito, comigo segurando a sua mão e percebendo a gravidade do que estava acontecendo.

Naquele momento, papai inspirou profundamente e ainda teve tempo de me dizer:

– Papai, obrigado por sua compreensão... Você, meu pai, foi o maior pai do mundo... Deus o abençoe por isso!

E deu o seu último exalo.

Eu fiquei ali segurando a sua mão enquanto uma lágrima corria na minha face. Naquele momento eu não sabia por que, mas uma profunda paz invadiu o meu ser, e eu, que nessa vida jamais me preocupara com religião alguma, orei e pedi a Deus que o recebesse na sua santa paz.[13]

I – A Alma após a Morte

"149. Em que se transforma a alma no instante da morte?

– Volta a ser espírito, ou seja, retorna ao mundo dos espíritos que ela havia deixado temporariamente.

150. A alma conserva a sua individualidade após a morte?

– Sim, não a perde jamais. O que seria ela se não a conservasse?

150 – a) Como a alma constata a sua individualidade, se não tem mais o corpo material?

– Tem um fluido que lhe é próprio, que tira da atmosfera do seu planeta e que representa a aparência da sua última encarnação: seu perispírito.

---

13 Trecho de "*O Livro dos Espíritos*", de Allan Kardec.

150 - b) A alma não leva nada deste mundo?

— Nada mais do que a lembrança e o desejo de ir para um mundo melhor. Essa lembrança é cheia de doçura ou de amargor, segundo o emprego que tenha dado à vida. Quanto mais pura para ela for, mais compreenderá a futilidade daquilo que deixou na Terra.

151. Que pensar da opinião de que a alma, após a morte, retorna ao todo universal?

— O conjunto dos espíritos não constitui um todo? Quando está numa assembleia, fazes parte da mesma e, não obstante, conservas a tua individualidade.

152. Que prova podemos ter da individualidade da alma após a morte?

— Não tendes esta prova pelas comunicações que obtendes? Se não estiverdes cegos, vereis; e se não estiverdes surdos, ouvireis; pois frequentemente uma voz vos fala e vos revela a existência de um ser que está ao vosso redor.

***Comentário de Kardec**: Os que pensam que a alma, com a morte, volta ao todo universal, estarão errados, se por isso entendem que ela perde a sua individualidade, como uma gota d'água que caísse do oceano. Estarão certos, entretanto, se entenderem pelo todo universal o conjunto dos seres incorpóreos de que cada alma ou espírito é um elemento.*

Se as almas se confundissem no todo, não teriam senão as qualidades do conjunto, e nada as distinguiria entre si; não teriam inteligência nem qualidades próprias. Entretanto, em todas as comunicações elas revelam a consciência do eu e uma vontade distinta. A diversidade infinita que apresentam, sob todos os aspectos, é a consequência da sua individualização. Se não houvesse, após a morte, se não o que se chama o Grande Todo, absorvendo todas as individualidades, esse todo seria homogêneo e, então, as comunicações recebidas do mundo invisível seriam todas idênticas. Desde que encontramos seres bons e maus, sábios e ignorantes, felizes e desgraçados, e desde que os há de todos os caracteres – alegres e tristes, levianos e sérios etc. –, é evidente que se trata de seres distintos.

A individualização ainda se evidencia quando esses seres provam a sua identidade através de sinais incontestáveis, de detalhes pessoais relativos à vida terrena e que podem ser contestados; ela não pode ser posta em dúvida, quando eles se manifestam por meio de aparições. A individualidade da alma foi teoricamente ensinada como um artigo de fé, mas o espiritismo a torna patente, e de certa maneira material.

153. Em que sentido se deve entender a vida eterna?

– É a vida do espírito que é eterna; a do corpo é transitória, passageira. Quando o corpo morre, a alma retorna à vida eterna.

153 – a) Não seria mais exato chamar a vida eterna a dos espíritos puros, que, tendo atingido o grau de perfeição, não têm mais provas a sofrer?

– Essa é a felicidade eterna. Mas tudo isso é uma questão de palavras: chamais as coisas como quiserdes, desde que vos entendais."

Nesse momento de paz, pus-me a refletir... Ali, ao lado do cadáver de meu pai, recuei aos meus tempos de infância e adolescência e, como se fosse um filme, revi as cenas de amor de meu pai para comigo. Os primeiros passeios de mãos dadas... Os muitos sorvetes tomado na pracinha da cidade do interior, até as vezes em que ele me levou para ver os jogos de futebol de várzea.

Nessa lembrança mágica, vi meu pai jovem e bonito, ainda cheio de colágeno no rosto, e revi uma a uma as frases que me balizaram a juventude, conselhos que me ajudaram ao longo da vida.... E de repente, uma lágrima rolou e logo veio acompanhada de outras sobre a minha face. Não. Não eram de sofrimento, afinal, imaginava saber que a vida continua após a morte. De fato, eram lágrimas de sentimento e a certeza de que meu pai voltava para casa com seu dever cumprido. Afinal, fora digno e combatera o bom combate!

A vida se seguiu e quatro anos depois minha mãe desencarnou. Não durei muito tempo depois. Antes dos 60 anos fiz a minha passagem, vítima de um ataque cardíaco fulminante.[14]

II - Separação da Alma e do Corpo

"154. A separação da alma e do corpo é dolorosa?

– Não; o corpo, frequentemente, sofre mais durante a vida que no momento da morte; nesta, a alma nada sente. Os sofrimentos que às vezes se provam no momento da morte são um prazer para o espírito, que vê chegar o fim do seu exílio.

Comentário de Kardec: *Na morte natural, que se verifica pelo esgotamento da vitalidade orgânica em consequência de idade, o homem*

[14] Trecho de "*O Livro dos Espíritos*", de Allan Kardec.

deixa a vida sem perceber: é uma lâmpada que se apaga por falta de energia.

155. Como se opera a separação da alma e do corpo?

– Os liames que a retinham, sendo rompidos, ela se desprende.

155 – a) A separação se verifica instantaneamente, numa transição brusca?

Há uma linha divisória bem marcada entre a vida e a morte?

– Não; a alma se desprende gradualmente e não escapa como um pássaro cativo subitamente libertado. Os dois estados se tocam e se confundem, de maneira que o espírito se desprende pouco apouco dos seus liames; estes se soltam e não se rompem.

Comentário de Kardec: *Durante a vida, o espírito está ligado ao corpo pelo seu envoltório material ou perispírito; a morte é apenas a destruição do corpo e não desse envoltório que se separa do corpo, quando cessa a vida orgânica. A observação prova que no instante da morte, o desprendimento do espírito não se completa subitamente – ele se opera gradualmente, com lentidão variável, segundo os indivíduos. Para uns é bastante rápido, e pode dizer-se que o momento da morte é também o da libertação que se verifica logo após. Noutros, porém, sobretudo naqueles cuja vida foi toda material e sensual, o desprendimento é muito mais demorado e dura, às vezes, alguns dias, semanas e até mesmo meses, o que implica a existência no corpo de nenhuma vitalidade, nem a possibilidade de retorno à vida, mas a simples persistência de uma afinidade entre o corpo e o espírito, afinidade que está sempre na razão da preponderância que, durante a vida, o espírito deu à matéria. É lógico admitir que quanto mais o* *espírito estiver identificado com a matéria, mais sofrerá para se separar dela. Por outro lado, a atividade intelectual e moral, a elevação dos pensamentos operam um começo de desprendimento, mesmo durante a vida corpórea, e quando a morte chega, é quase instantânea. Este é o resultado dos estudos efetuados sobre os indivíduos observados no momento da morte. Essas observações provam ainda que a afinidade que persiste, em alguns indivíduos, entre a alma e o corpo é, às vezes, muito penosa, porque o espírito pode experimentar o horror da decomposição. Este caso é excepcional e peculiar a certos gêneros de morte, verificando-se em alguns suicídios.*

156. A separação definitiva entre a alma e o corpo pode verificar-se antes da cessação completa da vida orgânica?

– Na agonia, às vezes, a alma já deixou o corpo, que nada mais tem do que a vida orgânica. O homem não tem mais consciência de si mesmo e, não obstante, ainda lhe resta um sopro de vida. O corpo é uma máquina que o coração põe em movimento. Ele se mantém enquanto o coração lhe fizer circular o sangue pelas veias e para isso não necessita da alma.

157. No momento da morte, a alma tem, às vezes, uma aspiração ou êxtase, que lhe faz entrever o mundo para o qual regressa?

– A alma sente, muitas vezes, que se quebram os liames que a prendem ao corpo, e então emprega todos os seus esforços para os romper de uma vez. Já parcialmente separada da matéria, vê o futuro desenrolar-se ante ela e goza por antecipação do estado de espírito.

158. O exemplo da larva, que primeiro se arrasta pela terra, depois se fecha na crisálida, numa morte aparente,

para renascer numa existência brilhante, pode dar-nos uma ideia da vida terrena, seguida do túmulo e por fim de uma nova existência?

– Uma pálida ideia. A imagem é boa, mas é necessário não torná-la ao pé da letra, como sempre a fazeis.

159. Que sensação experimenta a alma no momento em que se reconhece no mundo dos espíritos?

– Depende. Se fizeste o mal com o desejo desfazê-lo, estarás, no primeiro momento, envergonhado de o haver feito. Para ajusto, é muito diferente: ele se sente aliviado de um grande peso porque não receia nenhum olhar perquiridor.

160. O espírito encontra imediatamente aqueles que conheceu na Terra e que morreram antes dele?

– Sim, segundo a afeição que tenham mantido reciprocamente. Quase sempre eles o vêm receber na sua volta ao mundo dos espíritos e o ajudam a se libertar das faixas da matéria. Vê também a muitos que havia perdido de vista durante a passagem pela Terra; vê os que estão na erraticidade, bem como os que se encontram encarnados, que vai visitar.

161. Na morte violenta ou acidental, quando os órgãos ainda não se debilitaram pela idade ou pelas doenças, a separação da alma e a cessação da vida se verificam simultaneamente?

– Geralmente é assim; mas, em todos os casos, o instante que os separa é muito curto.

162. Após a decapitação, por exemplo, o homem conserva por alguns instantes a consciência de si mesmo?

> – Frequentemente ele a conserva por alguns minutos, até que a vida orgânica se extinga de uma vez. Mas, muitas vezes a preocupação da morte lhe faz perder a consciência antes do instante do suplício.
>
> ***Comentário de Kardec:*** *Não se trata, aqui, senão da consciência que o supliciado pode ter de si mesmo como homem, por meio do corpo, e não como espírito. Se não perdeu essa consciência antes do suplício, ele pode conservá-la por alguns instantes, mas de duração muito curta, e a perde necessariamente com a vida orgânica do cérebro. Isso não quer dizer que o perispírito esteja inteiramente desligado do corpo, mas pelo contrário, pois, em todos os casos de morte violenta, quando esta não resulta da extinção gradual das forças vitais, os liames que unem o corpo ao perispírito são mais tenazes, e o desprendimento completo é mais lento."*

Foi estranho.

Estava dormindo quando, momentaneamente, perdi a consciência. Passadas 78 horas do acontecido, acordei em um hospital com o perfeito entendimento de que estava de novo na colônia espiritual de Simple Mind.

Ao pé da minha cama, com visível satisfação vi meu amigo Paulus, que lá fora me receber e, feliz, me disse:

– Parabéns, querido Ric! Dever cumprido! O bom filho à casa torna.

Depois de tantos anos, tudo volta à minha mente. Recordei tudo e minha amizade filial para com Paulus era a mesma! Logo lhe disse:

- Paulus, quero sair desse leito de hospital. Hoje, sou um espírito consciente e afinal, já conheço bem a vida aqui em Simple Mind...

Paulus me disse:

- Calma! Descanse por uns dias, tome os medicamentos que vão lhe dar e depois se apresente lá na casa da Governadora Mis Malley. Pode ser daqui a dois dias! Estarei lá te aguardando.

Dito e feito.

Dois dias depois, lá estava eu apertando a campainha da espaçosa casa de Miss Malley que era grande mas estava longe de ser um palácio. Ela mesma abriu a porta, sorridente, e me conduziu à sala de reuniões.

Para minha surpresa, lá estavam, além de Paulus, Joaquim e uma senhora muito bonita, sorridente, aparentando ter, aproximadamente, uns 60 anos bem vividos.

Mis Malley falou que eu já conhecia aqueles dois, mas que Laura ainda não era minha conhecida e foi logo me apresentando:

- Ric, essa é a doutora Laura.

Ao que a Laura disse:

- Dispenso o doutora, pode me chamar só de Laura...

- Prazer, Laura!

- Prazer, Ric!

Foi o bastante para que ficássemos à vontade para ouvirmos Miss Malley:

– Ric, você cumpriu o seu dever e resgatou o seu carma lá na Terra. Nós estamos muito felizes por isso, mas a Laura é também psiquiatra como você e tem uma longa folha de serviços prestados na fronteira do umbral, fazendo um trabalho muito bom junto aos espíritos sofredores daquela região. Como você veio com essa formação da Terra, aqui estamos reunidos para que você nos faça todas as perguntas que queira fazer, a fim de que possamos dirimir suas dúvidas e prepará-lo ainda mais para engrossar as fileiras dos espíritos socorristas, de modo a serem capazes de socorrer mais aqueles que se colocaram ali no sofrimento pela sua própria imprevidência.

– Já sei, Mis Malley, a senhora quer que eu esteja atuando à beira do umbral...

– Não, Ric... a ideia não é essa. Nosso emissário junto a espiritualidade maior recebeu de Jesus a autorização para que instalemos aqui, em Simple Mind, uma Escola de Socorro, que será dirigida pela doutora Laura, tendo você como assistente. Para isso é que estamos reunidos aqui, depois da sua passagem na Terra e após a sua recuperação... Faremos tantas reuniões quantas sejam necessárias para que saiamos daqui preparados para tocar esse projeto em nome de Deus. Queremos que você e Laura nos façam todas as perguntas que suas dúvidas ensejarem para que vocês estejam preparados para resgatar do umbral notadamente os espíritos mais recalcitrantes.

E foi aí que Laura começou a série de perguntas que viria dela e da minha parte...

Laura coçou a começa e disse:

– Vamos lá.

– Querida Mis Malley, já atendi a milhares de pessoas nesses últimos dois séculos, e confesso que sou agradecida a Deus pelo trabalho. Mas, como já estou há tempos na vida espiritual, vejo muitos colegas reencarnarem e não consigo entender por que já faz tanto tempo que eu própria não reencarno. Será que já saí da obrigação da chamada "roda das reencarnações", seja na Terra ou em outro planeta?

Joaquim tomou a palavra para responder:

– Laura, ao longo desses anos você tem sido nossa maior autoridade em psicologia dos espíritos e por isso mesmo, seu trabalho tem sido imprescindível onde você está... Estamos trazendo o Ric, aliás hoje também psiquiatra, justamente para liberá-la, em um futuro ainda distante, para outros planos, outros planetas até, mas na Terra, devido à sua evolução, dificilmente você voltará até ao próximo milênio. Sob a proteção de Jesus, somos uma colônia recuperadora de ateus não tão somente para a glória de Deus, mas para o adiantamento dessas almas, que são boas porém devido à crueldade existente lá na Terra, voltaram suas costas à crença em Deus.

– É isso o que não consegui entender – atalhei Joaquim, perguntando, ao mesmo tempo, o porquê de tanto sofrimento na vida física...

– Ao lado de coisas tão boas que existem, como as belezas da natureza e até certa bondade humana que volta e meia aparece, diga-me o porquê de tantas doenças, tantos assaltos, sequestros, terrorismos, crimes, estupros e tantos desentendimentos religiosos que têm sido as causas de tantas guerras. Por quê?

Mis Malley tomou a palavra e disse:

– Amigo, já deu para você perceber que, apesar de a Terra ser um planeta de expiação e provas, na verdade o planeta está às portas do umbral. Não pertence a este, é verdade, mas recebe todo tipo de espírito que, faltoso, um dia, a lei de causa e efeito o levou para lá. Não foi à toa que Jesus, um dia, se apiedou daquele povo e se submeteu ao sacrifício de passar 33 anos encarnado por lá. O Mestre dos mestres levou com ele as leis de Deus... mas, a humanidade daquela época era tão mergulhada nas trevas que foi preciso que ele fizesse algumas curas verdadeiramente espetaculares, como os "milagres", para que nele acreditassem. Para alguns foi mágica transformar água em vinho, andar sobre as águas, ressuscitar os mortos, curar cegos, leprosos e enfermos... ilusionismo mesmo! Para outros, verdadeiros crentes, coisas admiráveis foram feitas, as quais só o filho de Deus poderia fazer! Na verdade, nem um nem outro, embora entendamos a classificação dada de que foram milagres. Para um povo que não sabia que isso era possível, seria o equivalente a alguém que pousasse de helicóptero em uma aldeia de índios. Seria tratado como se fosse Deus! Acontece que foi Jesus quem nos disse "a fé remove montanhas", e eu diria que a fé aliada ao conhecimento é mesmo capaz de fazer coisas que serão tidas como verdadeiros milagres.

Jesus tinha, nessa época, como aliás tem hoje, muito mais conhecimento do que todos nós juntos. Por isso mesmo, tais "milagres", para ele, foram algo simples de fazer, e também foram necessários para que aquelas pessoas nele acreditassem![15]

---

[15] Trecho de "*O Livro dos Espíritos*", de Allan Kardec.

Dom de Curar

"1 – *Curai os enfermos, ressuscitai os mortos, limpai os leprosos, expeli os demônios; dai de graça o que de graça recebestes. (Mateus, X: 8).*

2 – "Dai de graça o que de graça recebestes", disse Jesus aos seus discípulos, e por esse preceito estabelece que não se deve cobrar aquilo por que nada se pagou. Ora, o que eles haviam recebido de graça era a faculdade de curar os doentes e de expulsar os demônios, ou seja, os maus espíritos. Esse dom lhe fora dado gratuitamente por Deus, para alívio dos que sofrem e para ajudar a propagação da fé. Ele lhes diz que não o transformem em objeto de comércio ou de especulação, nem em meio de vida."

– Mas uma coisa não consigo entender, Miss Malley: alguns historiadores afirmam que na época em que Jesus passou na Terra, a população da humanidade não chegava sequer a dois milhões de pessoas, e ele lá esteve para o adiantamento dessas pessoas. No entanto, hoje sabemos que a Terra já caminha para sete bilhões de pessoas; portanto, se fossem sempre as mesmas que reencarnassem, nunca daria essa população...

– Você tocou em um ponto importante – disse Miss Malley –, e me dá a chance de dar a seguinte explicação: realmente, quando Jesus esteve Terra, era esse o provável número de pessoas. No entanto, sabia Jesus que bilhões de espíritos migrariam de outros planetas para a Terra que estava sendo preparada para ser, como de fato é, um novo mundo de expiação e provas. Tais espíritos são os chamados "anjos caídos", que necessitam de um lugar de mais baixa vibração para se desenvolverem, uma vez que não deram muito certo nos seus mundos de origem.[16]*

Diversas Categorias de Mundos Habitados

> "**3** - Do ensinamento dado pelos espíritos, resulta que os diversos mundos possuem condições muito diferentes uns dos outros quanto ao grau de adiantamento ou de inferioridade dos seus habitantes. Dentre eles, há os que são ainda inferiores à Terra, física e moralmente. Outros estão no mesmo grau, e outros lhe são mais ou menos superiores em todos os sentidos. Nos mundos inferiores, a existência é toda material, as paixões reinam soberanas, a vida moral quase não existe. À medida que esta se desenvolve, a influência da matéria diminui, de maneira que, nos mundos mais avançados, a vida é por assim dizer toda espiritual.
>
> **4** - Nos mundos intermediários o bem e o mal se misturam, e um predomina sobre o outro segundo o grau de adiantamento em que se encontrarem. Embora não possamos fazer uma classificação absoluta dos diversos mundos, podemos, pelo menos, considerando o seu estado e o seu destino, com base nos seus aspectos mais destacados, dividi-los assim, de um modo geral: mundos primitivos, nos quais se verificam as primeiras encarnações da alma humana; mundos de expiação e de provas, em que o mal predomina; mundos regeneradores, em que as almas que ainda têm o que expiar adquirem novas forças, repousando das fadigas da luta; mundos felizes, nos quais o bem supera o mal; mundos celestes ou divinos,

[16] Trecho de "*O Livro dos Espíritos*", de Allan Kardec.

morada dos espíritos purificados, em que o bem reina sem mistura. A Terra pertence à categoria dos mundos de expiações e de provas, e é por isso que nela está exposto a tantas misérias.

5 - Os espíritos encarnados num mundo não estão ligados a ele indefinidamente, e não passam nesse mundo por todas as fases do progresso que devem realizar, para chegar à perfeição. Quando atingem o grau de adiantamento necessário, passam para outro mundo mais adiantado, e assim sucessivamente, até chegarem ao estado de espíritos puros. Os mundos são as estações em que eles encontram os elementos de progresso proporcionais ao seu adiantamento. É para eles uma recompensa passarem a um mundo de ordem mais elevada, como é um castigo prolongarem sua permanência num mundo infeliz, ou serem relegados a um mundo ainda mais infeliz, por se haverem obstinado no mal."

- Justamente por isso é que Jesus - o supremo engenheiro sideral - resolveu diminuir seu perispírito com a finalidade de reencarnar na Terra. Tal processo durou mil anos, tal a sua complexidade! Depois, o Mestre dos mestres enfrentou todo o tempo da gravidez no útero de Maria, no qual primeiramente foi gestado, sob as bênçãos do Espírito Santo e veio a nascer para o mundo, trazendo para a humanidade de então, e os seus sucessores, a verdadeira salvação. Jesus veio salvar a humanidade da sua grande ignorância das leis de Deus, que são fundamentadas no amor! Sem Jesus, Ric, os sofrimentos na Terra seriam muito piores, e o tempo necessário para a maturação do amor naquela humanidade iria se estender por muitos milhares de anos. Então, Micael (hoje conhecido na Terra como Jesus) submeteu-se a esse grande sacrifício de encarnar em um planeta tão inferior, exatamente para demonstrar todo o seu amor! E o fez sabendo que a sua extraordinária luz projetada desde aquela época se perpetuaria por toda a eternidade e seria um importante farol apontando para o verdadeiro caminho... "Eu sou o caminho, a verdade e a vida" disse Jesus! De fato, amiguinho, caso não quisesse, Jesus não precisaria ter vindo nos ensinar tudo o que disse, saindo de sua zona de conforto e elevação. Mas foi Jesus quem nos disse que "os humildes serão exaltados e os que se exaltam serão humilhados"; portanto, Jesus nos deu o exemplo maior da humildade, deixando-se imolar nas mãos dos seus algozes para nos provar aquilo que disse o tempo todo: "existe vida após a morte". E tal foi a sua dignidade que no auge do seu sacrifício, ainda teve forças para levantar a sua cabeça em direção aos céus e afirmar: "Pai, perdoai-lhes porque eles não sabem o que fazem..."

- Sei disso, Miss Malley, mas continuo sem entender o porquê de tantas doenças, guerras, crimes e desigualdades sociais, dois mil anos depois da passagem do mestre Jesus por lá...

- Querido Ric, primeiramente, deixe-me explicar que dois mil anos no tempo de Deus não passam de dois segundos! Portanto, tem pouco tempo depois do sacrifício da vinda de Jesus. Por outro lado, é verdade que há por lá todo esse sofrimento que nós todos lamentamos, no entanto, amigo, a força divina é absolutamente verdadeira e, uma vez criada a criatura, não interfere diretamente no seu aprendizado, ou seja, a cada um lhe será dado segundo as suas obras.[17]*

II – Mundos de Expiações e de Provas

SANTO AGOSTINHO – *Paris, 1862*

"**13** – Que vos direi, que já não conheçais, dos mundos de expiações, pois que basta considerar a Terra que habitais? A superioridade da inteligência, num grande número de seus habitantes, indica que ela não é um mundo primitivo, destinado à encarnação de espíritos ainda mal saídos das mãos do Criador. Suas qualidades inatas são a prova de que já viveram e realizaram um certo progresso, mas também os numerosos vícios a que se inclinam são o indício de uma grande imperfeição moral. Eis porque Deus os colocou num mundo ingrato, para expiarem suas faltas através de um trabalho penoso e das misérias da vida, até que se façam merecedores de passar para um mundo mais feliz.

14 – Não obstante, não são todos os espíritos encarnados na Terra que se encontram em expiação. As raças que chamais selvagens constituem-se de espíritos apenas saídos da infância, e que estão, por assim dizer, educando-se e desenvolvendo-se ao contato de espíritos mais avançados. Vêm a seguir as raças semicivilizadas, formadas por esses mesmos espíritos em progresso. Essas são, de algum modo, as raças indígenas da Terra, que se desenvolveram pouco a pouco através de longos períodos seculares, conseguindo algumas

---

[17] Santo Agostinho fala sobre isso em "*O Evangelho Segundo o Espiritismo*", de Allan Kardec.

atingir a perfeição intelectual dos povos mais esclarecidos. Os espíritos em expiação aí estão, se assim nos podemos exprimir como estrangeiros. Já viveram em outros mundos, dos quais foram excluídos por sua obstinação do mal, que os tornava causa de perturbação para os bons. Foram relegados, por algum tempo, entre os espíritos mais atrasados, tendo por missão fazê-los avançar, porque trazem uma inteligência desenvolvida e os germes dos conhecimentos adquiridos. É por isso que os espíritos punidos se encontram entre as raças mais inteligentes, pois são estas também as que sofrem mais amargamente as misérias da vida, por possuírem mais sensibilidade e serem mais atingidas pelos atritos do que as raças primitivas, cujo senso moral é mais obtuso.

15 – A Terra nos oferece, pois, um dos tipos de mundos expiatórios em que as variedades são infinitas, mas têm por caráter comum servirem de lugar de exílio para os espíritos rebeldes à lei de Deus. Nesses mundos, os espíritos exilados têm de lutar, ao mesmo tempo, contra a perversidade dos homens e a inclemência da natureza, trabalho duplamente penoso, que desenvolve a uma só vez as qualidades do coração e as da inteligência. É assim que Deus, na sua bondade, torna o próprio castigo proveitoso para o progresso do espírito.

Destino da Terra e Causa das Misérias Humanas

6 - Admira-se de haver sobre a Terra tantas maldades e tantas paixões inferiores, tantas misérias e enfermidades de toda sorte, concluindo-se que miserável coisa é a espécie humana. Esse julgamento decorre de uma visão estreita, que dá uma falsa ideia do conjunto. É necessário considerar que toda a humanidade não se encontra na Terra, mas apenas uma pequena fração dela. Porque a espécie humana abrange todos os seres dotados de razão que povoam os inumeráveis mundos do universo. Ora, o que seria a população da Terra diante da população total desses mundos? Bem menos que a de um lugarejo em relação à de um grande império. A condição material e moral da humanidade terrena nada tem, pois, de estranho, se levarmos em conta o destino da Terra e a natureza de sua população.

7 – Faríamos uma ideia muito falsa da população de uma grande cidade se a julgássemos pelos moradores dos bairros mais pobres e sórdidos. Num hospital, só vemos doentes e estropiados; numa galé, vemos todas as torpezas, todos os vícios reunidos; nas regiões insalubres, a maior parte dos habitantes são pálidos, fracos e doentes. Pois bem: consideremos a Terra como um arrabalde, um hospital, uma penitenciária, um pantanal, porque ela é tudo isso a um só tempo, e compreenderemos por que as suas aflições sobrepujam os prazeres. Porque não se enviam aos hospitais as pessoas sadias, nem às casas de correção os que não praticam crimes, e nem os hospitais, nem as casas de correção são lugares de delícias.

Ora, da mesma maneira que numa cidade, toda a população não se encontra nos hospitais ou nas prisões, assim a humanidade inteira não se encontra na Terra. E como saímos do hospital quando estamos curados, e da prisão quando cumprimos a pena, o homem sai da Terra para mundos mais felizes, quando se acha curado de suas enfermidades morais."

– Ora, amigo, em uma sociedade em que o lucro é perseguido à exaustão, onde as diferenças sociais são resultantes da ausência da lei do amor e onde algumas religiões discordam entre si, o que mais se pode esperar?! Pouco ou nada entenderam do que Jesus nos falou, senão vejamos:

Um dia, vendo a multidão que o seguia, Jesus sobe à montanha e afirma a todos que o ouviam que não veio revogar a Lei e os Profetas, mas dar-lhes cumprimento.

Jesus falava sobre a lei dos dez mandamentos. Jesus precisava ajustá-la ao grau de adiantamento do povo de sua época, um povo que precisava despertar para os novos conhecimentos.

Essa lei, recebida mediunicamente por Moisés no Monte Sinai, foi confirmada por Jesus; possui caráter divino, é imutável, não precisava ser alterada, mas apenas interpretada de outra forma

A Lei Divina não seria destruída, mas confirmada por Jesus, porque seu valor não estava nas normas exteriores e transitórias, mas na sua essência.

E Jesus nos mostrou a essência da Lei de Deus quando disse: *Amarás ao Senhor teu Deus de todo o teu coração, de toda a tua alma e de todo o teu espírito; e ao teu próximo, como a ti mesmo.*

Vejam a veracidade dessa resposta de Jesus: *Não podemos amar a Deus sem amar ao próximo, nem amar ao próximo sem amar a Deus.*

A missão de Jesus entre os homens é uma missão de amor; por isso, Ele nos ensina o que é a Lei de Amor e nos mostra que ela deve ser colocada em prática nos atos da nossa vida normal e não apenas dentro dos templos.

Jesus nos deu inúmeros exemplos práticos de seu Evangelho, vivendo o amor, a caridade, a humildade, o perdão, a tolerância, a fraternidade, a misericórdia, a paciência, a abnegação; o bem em todas as suas formas.

Mas Jesus não podia concordar com o abuso das práticas exteriores e as falsas interpretações da lei e mostrou que não bastava seguir os ritos e as exigências do templo para alcançar a salvação. Era preciso muito mais...

Jesus ensinou que todos os homens são filhos de Deus, independentemente de sua raça e credo; e que todos, sem exceção, deverão evoluir através da vida de relação com o seu semelhante se quiserem atingir os Planos Espirituais mais elevados.

Os templos são importantes, mas como forma de permitir o aprendizado conjunto, fortalecer a comunidade, alavancar a fé e a esperança coletivas; mas é fundamental que se pratique a ligação com Deus nos atos da vida diária. Não basta sermos cristãos nesta ou naquela igreja; devemos ser cristãos em casa, no trabalho, no trânsito... em todos os lugares.

E nas situações difíceis, basta perguntarmos a nós mesmos o que Jesus faria se estivesse no nosso lugar. A resposta nós temos dentro de nós; para cada situação de nossa vida, basta saber que podemos nos ligar a Jesus em qualquer lugar, a qualquer hora, pedir a sua ajuda, e estar certos de que Ele irá nos ouvir e nos amparar para que façamos o que é certo.

Por isso Ele disse:

*Eu sou o Caminho, a Verdade e a Vida!**

As Três Revelações: Moisés, Cristo e o Espiritismo

"1 – *Não penseis que vim destruir a lei ou os profetas; não vim para destruí-los, mas para lhes dar cumprimento. Porque em verdade vos digo que o céu e a Terra não passarão, até que não se cumpra tudo quanto está na lei, até o último jota e o último ponto. (Mateus, V: 17- 18)*

MOISÉS

2 – Há duas partes distintas na lei mosaica: a de Deus, promulgada sobre o Monte Sinai, e a lei civil ou disciplinar, estabelecida por Moisés. Uma é invariável, a outra é apropriada aos costumes e ao caráter do povo, e se modifica com o tempo.

A lei de Deus está formulada nos dez mandamentos seguintes:

I – Eu sou o Senhor teu Deus, que te tirei da terra do Egito, da casa da servidão. Não terás deuses estrangeiros diante de mim. Não farás para ti imagens de escultura, nem figura alguma de tudo o que há em cima no céu, e do que há embaixo na terra, nem de coisa que haja nas águas debaixo da terra. Não adorarás nem lhes darás culto.

II – Não tomarás o nome do Senhor teu Deus em vão.

III – Lembra-te de santificar o dia de sábado.

IV – Honrarás a teu pai e a tua mãe, para teres uma dilatada vida sobre a terra que o Senhor teu Deus te há de dar.

V – Não matarás.

VI – Não cometerás adultério.

VII – Não furtarás.

VIII – Não dirás falso testemunho contra o teu próximo.

IX – Não desejarás a mulher do próximo.

X – Não cobiçarás a casa do teu próximo, nem o seu servo, nem a sua serva, nem o seu boi, nem o seu jumento, nem outra coisa alguma que lhe pertença.

Esta lei é de todos os tempos e de todos os países, e tem, por isso mesmo, um caráter divino. Todas as demais são leis estabelecidas por Moisés, obrigado a manter pelo temor um povo naturalmente turbulento e indisciplinado, no qual tinha de combater abusos arraigados e preconceitos adquiridos durante a servidão do Egito. Para dar autoridade às leis, ele teve de lhes atribuir uma origem divina, como o fizeram todos os legisladores dos povos primitivos. A autoridade do homem devia apoiar-se sobre a autoridade de Deus. Mas só a ideia de um Deus terrível podia impressionar homens ignorantes, em que o senso moral e o sentimento de uma estranha justiça estavam ainda pouco desenvolvidos. É evidente que aquele que havia estabelecido em seus mandamentos "não matarás" e "não farás mal ao teu próximo", não poderia se contradizer, ao fazer do extermínio um dever. As leis mosaicas, propriamente ditas, tinham, portanto, um caráter essencialmente transitório.

CRISTO

3 – Jesus não veio destruir a lei, o que quer dizer: a lei de Deus. Ele veio cumpri-la, ou seja: desenvolvê-la, dar-lhe o seu verdadeiro sentido e apropriá-la ao grau de adiantamento dos homens. Eis porque encontramos nessa lei o princípio dos deveres para com Deus e para com o próximo, que constitui a base de sua doutrina. Quanto às leis de Moisés propriamente ditas, ele, pelo contrário, as modificou profundamente, no fundo e na forma. Combateu constantemente o abuso das práticas exteriores e as falsas interpretações, e não podia fazê-las passar por uma reforma mais radical do que as reduzindo a estas palavras: "Amar a Deus sobre todas as coisas, e ao próximo como a si mesmo". E ao acrescentar: "Esta é toda a lei e os profetas".

Por estas palavras "O céu e a terra não passarão, enquanto não se cumprir até o último jota", Jesus quis dizer que era necessário que a lei de Deus fosse cumprida, ou seja, que fosse praticada sobre toda a Terra, em toda a sua pureza, com todos os seus desenvolvimentos e todas as suas consequências. Pois de que serviria estabelecer essa lei, se ela tivesse de ficar como privilégio de alguns homens ou mesmo de um só povo? Todos os homens, sendo filhos de Deus, são, sem distinções, objetos da mesma solicitude.

4 - Mas o papel de Jesus não foi simplesmente o de um legislador moralista, sem outra autoridade que a sua palavra. Ele veio cumprir as profecias que haviam anunciado o seu advento. Sua autoridade decorria da natureza excepcional do seu espírito e da natureza divina da sua missão. Ele veio ensinar aos homens que a verdadeira vida não está na Terra, mas no Reino dos Céus, ensinar-lhes o caminho que os conduz até lá, os meios de se reconciliarem com Deus, e os advertir sobre a marcha das coisas futuras, para o cumprimento dos destinos humanos. Não obstante, ele não disse tudo, e sobre muitos pontos limitou-se a lançar o germe de verdades que ele mesmo declarou não poderem ser então compreendidas. Falou de tudo, mas em termos mais ou menos claros, de maneira que, para entender o sentido oculto de certas palavras, era preciso que novas ideias e novos conhecimentos viessem dar-nos a chave. Essas ideias não podiam surgir antes de um certo grau de amadurecimento do espírito humano. A ciência devia contribuir poderosamente para o aparecimento e o desenvolvimento dessas ideias. Era preciso, pois, dar tempo à ciência para progredir.

O ESPIRITISMO

5 - O espiritismo é a nova ciência que vem revelar aos homens, por meio de provas irrecusáveis, a existência e a natureza do mundo espiritual e suas relações com o mundo material. Ele nos mostra esse mundo, não mais como sobrenatural, mas, pelo contrário, como uma das forças vivas e incessantemente atuantes da natureza, como a fonte de uma infinidade de fenômenos até então incompreendidos, e por essa razão rejeitados para o domínio do fantástico e do maravilhoso. É a essas relações que o Cristo se refere em muitas circunstâncias, e é por isso que muitas coisas que ele disse ficaram ininteligíveis ou foram falsamente interpretadas. O espiritismo é a chave que nos ajuda a tudo explicar com facilidade.

6 - A lei do Antigo Testamento está personificada em Moisés; a do Novo Testamento, no Cristo. O espiritismo é a terceira revelação da Lei de Deus. Mas não está personificado em ninguém, porque ele é o produto do ensinamento dado, não por um homem, mas pelos espíritos, que são *as vozes do céu*, em todas as partes da Terra e por inumerável multidão de intermediários. Trata-se, de qualquer maneira, de uns seres coletivos, compreendendo o conjunto dos seres do mundo espiritual, cada qual trazendo aos homens o tributo de suas luzes, para fazê-los conhecer esse mundo e a sorte que nele os espera.

7 - Da mesma maneira que disse o Cristo: "Eu não venho destruir a lei, mas dar-lhe cumprimento". Também diz o espiritismo: "Eu não venho destruir a lei cristã, mas dar-lhe cumprimento". Ele nada ensina contrário ao ensinamento do Cristo, mas o desenvolve, completa e explica, em termos claros para todos, o que foi dito sob forma alegórica. Ele vem cumprir, na época predita, o que o Cristo anunciou, e preparar o cumprimento das coisas futuras. Ele é, portanto, obra do Cristo, que o preside, assim como preside o que igualmente anunciou: a regeneração que se opera e que prepara o Reino de Deus sobre a Terra.

O CAMINHO - Jesus nos mostra o Caminho que nos liga a Deus; o caminho que vai nos levar à felicidade plena, que é o Amor vivenciado em todos os momentos da nossa vida; o caminho da paciência, da tolerância, da compreensão, do diálogo fraterno, do perdão...

O caminho da verdadeira felicidade.

O caminho da paz de espírito.

A VERDADE - Jesus nos trouxe a Verdade através de seu Evangelho; Ele veio iluminar o mundo para as verdades espirituais e nos trazer o remédio para todas as nossas dores.

A VIDA - Jesus mostrou aos homens o sentido da Vida; que a verdadeira vida não é a que vivemos sobre a Terra, vida material, transitória e passageira; Ele nos mostra que a verdadeira vida é a vida espiritual, pois como espíritos imortais que somos, Jesus nos mostrou o caminho que devemos trilhar para alcançar o seu Reino Divino de Luz e de Amor.

Essa é toda a Lei e os Profetas; os Caminhos luminosos da Paz e do Amor Universais!

Ninguém vai ao Pai a não ser por Mim, disse Jesus.[18]

O Jugo Leve

1 – *Vinde a mim, todos os que andam em sofrimento e vos achais carregados, e eu vos aliviarei. Tomai sobre vós o meu jugo, e aprendei de mim, que sou manso e humilde de coração, e achareis descanso para as vossas almas. Porque o meu jugo é suave e o meu fardo é leve. (Mateus, XI: 28-30)*

2 - Todos os sofrimentos: misérias, decepções, dores físicas, perdas de seres queridos encontram sua consolação na fé no futuro, e na confiança na justiça de Deus, que o Cristo veio ensinar aos homens. Sobre aquele que, pelo contrário, nada espera após esta vida, ou que simplesmente duvida, as aflições pesam com todo o seu peso, e nenhuma esperança vem abrandar sua amargura. Eis o que levou Jesus a dizer: "Vinde a mim, vós todos que estais fatigados, e eu vos aliviarei".

Jesus, entretanto, impõe uma condição para a sua assistência e para a felicidade que promete aos aflitos. Essa condição é a da própria lei que ele ensina: seu jugo é a observação dessa lei. Mas esse jugo é leve e essa lei é suave, pois que impõe como dever o amor e a caridade.

---

18 Trechos de "*O Evangelho segundo o Espiritismo*", de Allan Kardec.

O Consolador Prometido

3 – *Se me amais, guardai os meus mandamentos. E eu rogarei ao Pai, e Ele vos dará outro consolador, para que fique eternamente convosco, o Espírito da Verdade, a quem o mundo não pode receber, porque não o vê, nem o conhece. Mas vós o conhecereis, porque ele ficará convosco e estará em vós. Mas o Consolador, que é o Espírito Santo, a quem o Pai enviará em meu nome, vos ensinará todas as coisas, e vos fará lembrar de tudo o que vos tenho dito. (João, XIV: 15 a 17 e 26)*

4 – Jesus promete outro consolador: é o Espírito da Verdade, que o mundo ainda não conhece, pois que não está suficientemente maduro para compreendê-lo, e que o Pai enviará para ensinar todas as coisas e para fazer lembrar o que Cristo disse. Se, pois, o Espírito da Verdade deve vir mais tarde, ensinar todas as coisas, é que o Cristo não pode dizer tudo. Se ele vem fazer lembrar o que o Cristo disse, é que o seu ensino foi esquecido ou mal compreendido.

O espiritismo vem, no tempo assinalado, cumprir a promessa do Cristo: o Espírito da Verdade preside ao seu estabelecimento. Ele chama os homens à observância da lei; ensina todas as coisas, fazendo compreender o que o Cristo só disse em parábolas. O Cristo disse: "Que ouçam os que têm ouvidos para ouvir". O espiritismo vem abrir os olhos e os ouvidos, porque ele fala sem figuras e alegorias. Levanta o véu propositalmente lançado sobre certos mistérios, e vem, por fim, trazer uma suprema consolação aos deserdados da Terra e a todos os que sofrem, ao dar uma causa justa e um objetivo útil a todas as dores.

Disse o Cristo: "Bem-aventurados os aflitos, porque eles serão consolados". Mas como se pode ser feliz por sofrer, se não se sabe por que se sofre?

O espiritismo revela que a causa está nas existências anteriores e na própria destinação da Terra, onde o homem expia o seu passado. Revela também o objetivo, mostrando que os sofrimentos são como crises salutares que levam à cura, são a purificação que assegura a felicidade nas existências futuras. O homem compreende que mereceu sofrer, e acha justo o sofrimento. Sabe que esse sofrimento auxilia o seu adiantamento, e o aceita sem queixas, como o trabalhador aceita o serviço que lhe assegura o salário. O espiritismo lhe dá uma fé inabalável no futuro, e a dúvida pungente não tem mais lugar na sua alma. Fazendo-o ver as coisas do alto, a importância das vicissitudes terrenas se perde no vasto e esplêndido horizonte que ele abarca, e a perspectiva da felicidade que o espera lhe dá a paciência, a resignação e a coragem para ir até o fim do caminho.

Assim realiza o espiritismo o que Jesus disse do consolador prometido: conhecimento das coisas, que faz o homem saber de onde vem, para onde vai e por que está na Terra, lembrança dos verdadeiros princípios da lei de Deus, e consolação pela fé e pela esperança.

Advento do Espírito da Verdade

ESPÍRITO DE VERDADE - *Paris, 1860*

5 - Venho, como outrora, entre os filhos desgarrados de Israel, trazer a verdade e dissipar as trevas. Escutai-me. O espiritismo, como outrora a minha palavra, deve lembrar os incrédulos que acima deles reina a verdade imutável: o Deus bom, o Deus grande, que faz germinar as plantas e que levanta as ondas. Eu revelei a doutrina divina; e, como um segador, liguei em feixes o bem esparso pela humanidade, e disse: "Vinde a mim todos vós que sofreis!".

Mas os homens ingratos se desviaram da estrada larga e reta que conduz ao Reino de meu Pai, perdendo-se nas ásperas veredas da impiedade. Meu Pai não quer aniquilar a raça humana. Ele quer que, ajudando-vos uns aos outros, mortos e vivos, ou seja, mortos segundo a carne, porque a morte não existe, sejais socorridos, e que não mais a voz dos profetas e dos apóstolos, mas a voz dos que se foram, faça-se ouvir para vos gritar: Crede e orai! Porque a morte é a ressurreição, e a vida é a prova escolhida, durante a qual vossas virtudes cultivadas devem crescer e desenvolver-se como o cedro.

Homens fracos, que vos limitais às trevas de vossa inteligência, não afasteis a tocha que a clemência divina vos coloca nas mãos, para iluminar vossa rota e vos reconduzir, crianças perdidas, ao regaço de vosso Pai.

Estou demasiado tocado de compaixão pelas vossas misérias, por vossa imensa fraqueza, para não estender a mão em socorro aos infelizes extraviados que, vendo o céu, caem nos abismos do erro. Crede, amai, meditai todas as coisas que vos são reveladas; não misturem o joio ao bom grão, as utopias com as verdades.

Espíritas; amai-vos, eis o primeiro ensinamento; instruí-vos, eis o segundo. Todas as verdades se encontram no Cristianismo; os erros que nele se enraizaram são de origem humana; e eis que, de além-túmulo, que acreditáveis vazios, vozes vos clamam: Irmãos! Nada perece. Jesus Cristo é o vencedor do mal; sede os vencedores da impiedade!

ESPÍRITO DE VERDADE
Paris, 1861

6 – Venho ensinar e consolar os pobres deserdados. Venho dizer-lhes que elevem sua resignação ao nível de suas provas; que chorem, porque a dor no Jardim das Oliveiras, mas que esperem, porque os anjos consoladores virão enxugar as suas lágrimas.

Trabalhadores, traçai o vosso sulco. Recomeçai no dia seguinte a rude jornada da véspera. O trabalho de vossas mãos fornece o pão terreno aos vossos corpos, mas vossas almas não estão esquecidas: eu, o divino jardineiro, as cultivo no silêncio dos vossos pensamentos. Quando soar a hora do repouso, quando a trama escapar de vossas mãos e vossos olhos se fecharem para a luz, sentireis surgir e germinar em vós a minha preciosa semente. Nada se perde no Reino de nosso Pai. Vossos suores e vossas misérias formam um tesouro, que vos tornará ricos nas esferas superiores, onde a luz substitui as trevas, e onde o mais desnudo entre vós será talvez o mais resplandecente.

Em verdade vos digo: os que carregam seus fardos e assistem os seus irmãos são os meus bem-amados. Instrui-vos na preciosa doutrina que dissipa o erro das revoltas e vos ensina o objetivo sublime da prova humana. Como o vento varre a poeira, que o sopro dos espíritos dissipe a vossa inveja dos ricos do mundo, que são frequentemente os mais miseráveis, porque suas provas são mais perigosas que as vossas. Estou convosco, e meu apóstolo vos ensina. Bebei na fonte viva do amor, e preparai-vos, cativos da vida, para vos lançardes um dia, livres e alegres, no seio daquele que vos criou fracos para vos tornar perfeitos, e deseja que modeleis vós mesmos a vossa dócil argila, para serdes os artífices da vossa imortalidade.

ESPÍRITO DE VERDADE
Bordeaux, 1861"

– Depois dessa resposta me calei – disse Richard.

Horas depois, recolhido ao meu leito, pedi aos espíritos santos de Deus que me dessem o entendimento necessário para a importância da minha missão futura e adormeci, sonhando profundamente.

Mas que sonho! Nele estive com Salomão, o sábio, que me recebeu de braços abertos e me disse: o mais sábio de todos é aquele que se sente um eterno aprendiz; portanto, meu filho, aprenda com humildade e um sorriso no coração. Só assim você irá progredir até chegar a conhecer verdadeiramente a face de Jesus...

O tempo passou e mergulhei no trabalho juntamente com Laura, que sempre foi dedicadíssima. Montamos uma clínica de apoio na zona fronteiriça ao umbral e constantemente fazíamos incursões nas zonas mais sofredoras, analisando aqueles pacientes que apresentavam sinais mais próximos de uma possível recuperação.

Para isso, contávamos com a nossa clarividência, ou seja, nossa capacidade de ver a aura do espírito sofredor e, através de suas colorações, interpretar quais daqueles que poderiam ser resgatados da condição perturbadora.

O fato é que resgatamos muitos, e aí o processo sempre foi da conscientização daquele espírito sobre a existência da vida após a morte e da existência de Deus. Muitos se manifestavam surpresos e ao mesmo tempo absolutamente estupefatos com suas novas condições. Porém, passado o espanto, invariavelmente aderiam ao tratamento, tornando-se bons colaboradores para o desenvolvimento deste.

Assim os anos se passaram, e nós dois, Laura e eu, nos tornamos tão próximos como eficientes nessa jornada. Houve quem nos comparasse a verdadeiras almas gêmeas.

Certo dia, Miss Malley nos chamou e disse que estavam precisando de nós lá na Terra.

Prontamente me coloquei à disposição:

- Na hora que a senhora quiser, partiremos para lá -, ao que Laura aquiesceu prontamente com a cabeça.

Foi quando Miss Malley me disse:

- Não será da forma que vocês dois estão entendendo... Na verdade, preciso que vocês reencarnem para uma vida física na Terra.

Eu e Laura nos entreolhamos; afinal, por essa não esperávamos...

- Vocês precisam reencarnar no seio de duas famílias no Rio de Janeiro, mas em bairros diferentes. Você, Laura, ali irá um pouco antes da reencarnação de Richard, para poder lhe preparar o caminho. Será de vocês dois a responsabilidade de humanizar um pouco mais a medicina de lá, principalmente no que tange à psiquiatria, tão comercial nos dias de hoje.

– Mas, encarnando antes e em família diferente, como irei encontrá-lo?

– Não se preocupe – disse Miss Malley –, daremos um jeito...

Confesso a vocês que fiquei pensativo Afinal, depois de tanto tempo na espiritualidade, tive receio de voltar à Terra. Foi então que Miss Malley me disse:

– Não tema, Richard. Você hoje está bem mais elevado do que antes e irá reencarnar com a missão de ser um líder ecumênico e um grande humanista, e isso, meu amigo, você realizará com muita tranquilidade, afinal o que mais você tem nesse seu generoso coração é amor. E como você sabe, só o amor constrói...

Orientações de Allan Kardec que Merecem ser Estudadas

A Doutrina e seus Contraditores

A Doutrina Espírita, como toda novidade, tem seus adeptos e seus contraditores. Tentaremos responder a algumas das objeções destes últimos, examinando o valor das razões em que se apoiam, sem termos, entretanto, a pretensão de convencer a todos, pois há pessoas que acreditam que a luz foi feita somente para elas. Dirigimo-nos às pessoas de boa-fé, sem ideias preconcebidas ou posições firmadas mas sinceramente desejosas de se instruírem, e lhes demonstraremos que a maior parte das objeções que fazem à doutrina provém de uma observação incompleta dos fatos e de um julgamento formado com muita ligeireza e precipitação.

Recordaremos inicialmente, em breves palavras, a série progressiva de fenômenos que deram origem a esta doutrina.

O primeiro fato observado foi o movimento de objetos; designaram-no vulgarmente com o nome de *mesas girantes* ou *dança das mesas*. Esse fenômeno, que parece ter sido observado primeiramente na América, ou melhor, que se teria repetido nesse país, porque a História prova que ele remonta à mais alta Antiguidade, produziu-se acompanhado de circunstâncias estranhas, como ruídos insólitos e golpes desferidos sem uma causa ostensiva, conhecida. Dali, propagou-se rapidamente pela Europa e por outras partes do mundo; a princípio provocou muita incredulidade, mas a multiplicidade das experiências em breve não mais permitiu que se duvidasse da sua realidade.

Se esse fenômeno se tivesse restringido ao movimento de objetos materiais, poderia ser explicado por uma causa puramente física. Estamos longe de conhecer todos os agentes ocultos da natureza e mesmo todas as propriedades dos que já conhecemos; a eletricidade, aliás, multiplica diariamente ao infinito os recursos que oferece ao homem e parece dever iluminar a ciência com uma nova luz. Não haveria, portanto, nada de impossível em que a eletricidade, modificada por certas circunstâncias, ou qualquer outro agente desconhecido, fosse a causa desse movimento. A reunião de muitas pessoas, aumentando o poder de ação, parecia dar apoio a essa teoria, porque se poderia considerar essa reunião como uma pilha múltipla, em que a potência corresponde ao número de elementos.

O movimento circular nada tinha de extraordinário: pertence à natureza. Todos os astros se movem circularmente; poderíamos, pois, estar em face de um pequeno reflexo do movimento geral do universo; ou, melhor dito, uma causa até então desconhecida poderia produzir acidentalmente, nos pequenos objetos e em dadas circunstâncias, uma corrente análoga à que impulsiona os mundos.

Mas o movimento não era sempre circular. Frequentemente era brusco, desordenado, o objeto violentamente sacudido, derrubado, conduzido numa direção qualquer e, contrariamente a todas as leis da estática, suspenso e mantido no espaço. Não obstante, nada havia ainda nesses fatos que não pudesse ser explicado pelo poder de um agente físico invisível. Não vemos a eletricidade derrubar edifícios, arrancar árvores, lançar a distância os corpos mais pesados, atraí-los ou repeli-los?

Supondo-se que os ruídos insólitos e os golpes não fossem efeitos comuns da dilatação da madeira ou de qualquer outra causa acidental, poderiam ainda muito bem ser produzidos por acumulação do fluido oculto. A eletricidade não produz os ruídos mais violentos?

Até esse momento, como se vê, tudo pode ser considerado no domínio dos fatos puramente físicos e fisiológicos. E sem sair dessa ordem de ideias, ainda haveria matéria para estudos sérios, digna de prender a atenção dos sábios. Por que não aconteceu assim? É penoso dizer, mas o fato se liga a causas que provam, entre mil outras semelhantes, a leviandade do espírito humano. De início, a vulgaridade do objeto principal que serviu de base às primeiras experiências talvez não lhe seja estranha. Que influência não teve uma simples palavra, muitas vezes, sobre coisas mais graves! Sem considerar que o movimento poderia ser transmitido a um objeto qualquer, prevaleceu a ideia da mesa, sem dúvida por ser o objeto mais cômodo e porque todos se sentam mais naturalmente em torno de uma mesa que de qualquer outro móvel. Ora, os homens superiores são às vezes tão pueris que não seria impossível certos espíritos de elite se julgarem diminuídos, se tivessem de se ocupar daquilo que se convencionaria chamar a *dança das mesas*. É mesmo provável que, se o fenômeno observado por Galvani o tivesse sido por homens vulgares e caracterizado por um nome burlesco, estivesse ainda relegado ao lado da varinha mágica. Qual o sábio que não se teria julgado diminuído ao se ocupar da *dança das rãs?*

Alguns, entretanto, bastante modestos para aceitarem que a natureza poderia não lhes ter dito a última palavra, quiseram ver para tranquilidade de consciência. Mas aconteceu que o fenômeno nem sempre correspondeu à sua expectativa, e por não se ter produzido constantemente, à sua vontade e segundo a sua maneira de experimentação, concluíram eles pela negativa. Malgrado, porém, a sua sentença, as mesas, pois que há mesas, continuam a girar, e podemos dizer com Galileu: *"Contudo, elas se movem"*. Diremos ainda que os fatos se multiplicaram de tal modo que têm hoje direito de cidadania, e que se trata apenas de encontrar para eles uma explicação racional.

Pode-se induzir qualquer coisa contra a realidade do fenômeno pelo fato de ele não se produzir sempre de maneira idêntica, segundo a vontade e as exigências do observador? Os fenômenos de eletricidade e de química não estão subordinados a determinadas condições e devemos negá-los porque não se produzem fora delas? Devemos estranhar que o fenômeno do movimento de objetos pelo fluido humano tenha também as suas condições e deixe de se produzir quando o observador, firmado no seu ponto de vista, pretende fazê-lo seguir ao seu capricho ou sujeitá-lo às leis dos fenômenos comuns, sem considerar que, para fatos novos, pode e deve haver novas leis? Ora, para conhecer essas leis, é necessário estudar as circunstâncias em que os fatos se produzem, e esse estudo não pode ser feito sem uma observação perseverante, atenta, e por vezes bastante prolongada.

Mas, objetam algumas pessoas, há frequentemente fraudes visíveis. Perguntaremos inicialmente se estão bem certas de que há fraudes e se não tomaram por fraudes efeitos que não conseguiram apreender, mais ou menos como o camponês que tomava um sábio professor de física, fazendo experiências, por um destro escamoteador. E mesmo supondo-se que as fraudes tenham ocorrido algumas vezes, seria isso razão para negar o fato? Deve-se negar a Física porque há prestidigitadores que se enfeitam com o título de físicos? É necessário, ao demais, considerar o caráter das pessoas e o interesse que elas poderiam ter em enganar. Seria tudo, então, simples brincadeira? Pode-se muito bem brincar um instante, mas uma brincadeira indefinidamente prolongada seria tão fastidiosa para o mistificador como para o mistificado. Haveria, além disso, uma mistificação que se propaga de um extremo a outro do mundo e, entre as pessoas mais graves, mais veneráveis e esclarecidas, alguma coisa pelo menos tão extraordinária quanto o próprio fenômeno.

Preenchendo os Espaços Vazios

O ceticismo no tocante à Doutrina Espírita, quando não resulta de uma oposição sistemática, interesseira, provém quase sempre de um conhecimento incompleto dos fatos, o que não impede algumas pessoas de liquidarem a questão como se a conhecessem perfeitamente. Pode-se ter muito espírito e até mesmo muita instrução e não se ter bom senso; ora, o primeiro indício da falta de senso é a crença na própria infalibilidade. Muitas pessoas também não veem nas manifestações espíritas mais que um motivo de curiosidade. Esperamos que, pela leitura deste livro, encontrem nesses fenômenos estranhos alguma coisa além de um simples passatempo.

A Ciência Espírita contém duas partes: uma experimental, sobre as manifestações em geral, outra filosófica, sobre as manifestações inteligentes. Quem não tiver observado senão a primeira estará na posição daquele que só conhece a Física pelas experiências recreativas, sem haver penetrado na Ciência. A verdadeira Doutrina Espírita está no ensinamento dado pelos espíritos, e os conhecimentos que esse ensinamento encerra são muito sérios para serem adquiridos por outro modo que não por um estudo profundo e continuado, feito no silêncio e no recolhimento. Mesmo porque só nestas condições pode ser observado um número infinito de fatos e suas nuanças, que escapam ao observador e que permitem se firmar uma opinião.

Se este livro não tivesse por fim mais do que mostrar o lado sério da questão, provocando estudos a respeito, isto já seria bastante e nos felicitaríamos por ter sido escolhido para realizar uma obra sobre a qual não pretendemos ter nenhum mérito pessoal, pois os princípios aqui expostos não são de nossa criação; o mérito é, portanto, inteiramente dos espíritos que o ditaram. Esperamos que ele tenha outro resultado, o de guiar os homens desejosos de se esclarecerem, mostrando-lhes nestes estudos um objetivo grande e sublime, o do progresso individual e social, e indicando-lhes o caminho a seguir para a sua consecução.

Concluiremos com uma derradeira consideração. Os astrônomos, sondando os espaços, encontraram na distribuição dos corpos celestes lacunas injustificáveis e em desacordo com as leis do conjunto. Suspeitaram que essas lacunas deviam corresponder a corpos que haviam escapado às observações. Por outro lado, observaram certos efeitos cuja causa lhes era desconhecida e disseram a si mesmos: "Ali deve haver um mundo, porque essa lacuna não pode existir e esses efeitos devem ter uma causa". Julgando então da causa pelos efeitos, puderam calcular os elementos, e mais tarde os fatos vieram justificar as suas previsões.

Apliquemos este raciocínio a outra ordem de ideias. Se observarmos a série dos seres, perceberemos que eles formam uma cadeia sem solução de continuidade, desde a matéria bruta até o homem mais inteligente. Mas entre o homem e Deus, que são o alfa e o ômega de todas as coisas, que imensa lacuna! Será razoável pensar que seja o homem o último anel dessa cadeia? Que ele transponha, sem transição, a distância que o separa do infinito? A razão nos diz que entre o homem e Deus deve haver outros elos, como disseram os astrônomos que entre os mundos conhecidos devia haver outros mundos. Qual a filosofia que preencheu essa lacuna? O espiritismo no-la apresenta preenchida pelos seres de todas as categorias do mundo invisível, e esses seres não são mais que

os espíritos dos homens nos diferentes graus que conduzem à perfeição. E assim tudo se liga, tudo se encadeia, do alfa ao ômega. Vós que negais a existência dos espíritos, preenchei o vazio que eles ocupam. E vós, que deles rides, ousai rir das obras de Deus e da sua onipotência!

Manifestações Inteligentes

Se os fenômenos de que nos ocupamos se restringissem ao movimento dos objetos, teriam permanecido no domínio das ciências físicas; mas não aconteceu assim: estavam destinados a nos colocarem na pista dos fatos de uma ordem estranha. Acreditou-se haver descoberto, não sabemos por iniciativa de quem, que o impulso dado aos objetos não era somente o produto de uma força mecânica cega, mas que havia nesse movimento a intervenção de uma causa inteligente. Esta via, uma vez aberta, oferecia um campo inteiramente novo de observações; era o véu que se levantava sobre muitos mistérios. Mas haverá realmente neste caso uma potência inteligente? Essa é a questão. Se essa potência existe, o que é ela, qual a sua natureza, a sua origem? E ela superior à Humanidade? Tais são as outras questões que decorrem da primeira.

As primeiras manifestações inteligentes verificaram-se por meio de mesas que se moviam e davam determinados golpes, batendo um pé, e assim respondiam, segundo o que se havia convencionado, por "sim" ou por "não" à questão proposta. Até aqui, nada de seguramente convincente para os céticos, porque podia se crer num efeito do acaso. Em seguida, obtiveram-se respostas mais desenvolvidas por meio das letras do alfabeto: dando o móvel um número de ordem de cada letra, chegava-se a se formarem palavras e frases que respondiam às questões propostas. A justeza das respostas e sua correspondência com a pergunta provocaram a admiração. O ser misterioso que assim respondia, interpelado sobre a sua natureza, declarou que era um *Espírito* ou *Gemo,* deu o seu nome e forneceu diversas informações a seu respeito. Esta é uma circunstância muito importante a notar. Ninguém havia então pensado nos espíritos como um meio de explicar o fenômeno; foi o próprio fenômeno que revelou a palavra. Fazem-se hipóteses frequentemente nas ciências exatas para se conseguir uma base ao raciocínio; mas neste caso não foi o que se deu.

Esse meio de correspondência era demorado e incômodo O espírito e esta e também uma circunstância digna de nota, indicou outro. Foi um desses seres invisíveis quem aconselhou a se adaptar um lápis a uma cesta ou a um outro objeto. A cesta, posta sobre uma folha de papel, é movimentada pela mesma potência oculta que faz girar as mesas; mas, em lugar de um simples movimento regular, o lápis escreve por si mesmo, formando palavras frases discursos inteiros de muitas páginas, tratando das mais altas questões de Filosofia, de Moral, de Metafísica, de Psicologia etc., e isso com tanta rapidez como se escrevesse à mão.

Esse conselho foi dado simultaneamente na América, na França e em diversos países. Eis os termos em que foi dado em Paris, a 10 de Junho de1853, a um dos mais fervorosos adeptos da Doutrina, que há muitos anos desde 1849, se ocupava com a evocação dos espíritos: “Vá buscar no quarto ao lado a cestinha; prenda nela um lápis, coloque-a sobre o papel e ponha-lhe os dedos na borda”. Feito isso, depois de alguns instantes, a cesta se pôs em movimento e o lápis escreveu legivelmente esta frase: “Isto que eu vos disse proíbo-vos expressamente de dizer a alguém; na primeira vez que escrever, escreverei melhor”.

O objeto a que se adapta o lápis, não sendo mais que simples instrumento sua natureza e sua forma não importam;

procurou-se a disposição mais cômoda e foi assim que muitas pessoas passaram a usar uma prancheta.

A cesta ou a prancheta não podem ser postas em movimento senão sob a influência de certas pessoas, dotadas para isso de um poder especial e que se designa pelo nome de *médiuns,* ou seja, intermediários entre os espíritos e os homens. As condições que produzem este poder estão ligadas a causas ao mesmo tempo físicas e espirituais ainda imperfeitamente conhecidas porquanto se encontram médiuns de todas as idades, de ambos os sexos e em todos os graus de desenvolvimento intelectual. Essa faculdade, entretanto, se desenvolve pelo exercício.

Desenvolvimento da Psicografia

Mais tarde reconheceu-se que a cesta e a prancheta nada mais eram do que apêndices da mão, e o médium, tomando diretamente o lápis, pôs-se a escrever por um impulso involuntário e quase febril. Por esse meio as comunicações se tornaram mais rápidas, mais fáceis e mais completas: é esse hoje, o meio mais comum, tanto que o número de pessoas dotadas dessa aptidão é bastante considerável e se multiplica dia a dia. A experiência, por fim, tornou conhecidas muitas outras variedades da faculdade mediúnica, descobrindo-se que as comunicações podiam igualmente se verificar através da escrita direta dos espíritos, ou seja, sem o concurso da mão do médium nem do lápis.

Verificado o fato, um ponto essencial restava a considerar: o papel do médium nas respostas e a parte que nelas tomava, mecânica e espiritualmente. Duas circunstâncias capitais, que não escapariam a um observador atento, podem resolver a questão. A primeira é a maneira pela qual a cesta se move sob a sua influência, pela simples imposição dos dedos na borda; o exame demonstra a impossibilidade de um médium imprimir uma direção à cesta. Essa impossibilidade se torna sobretudo evidente quando duas ou três pessoas tocam ao mesmo tempo na mesma cesta; seria necessário entre elas uma concordância de movimentos realmente fenomenal; seria ainda necessária a concordância de pensamentos para que pudessem se entender sobre a resposta a dar. Outro fato, não menos original, vem ainda aumentar a dificuldade. É a mudança radical da letra, segundo o espírito que se manifesta e a cada vez que o mesmo espírito volta, repetindo-a. Seria, pois, necessário que o médium se tivesse exercitado em modificar a própria letra de vinte maneiras diferentes, e sobretudo que ele pudesse se lembrar da caligrafia deste ou daquele espírito.

A segunda circunstância resulta da própria natureza das respostas, que são, na maioria dos casos, sobretudo quando se trata de questões abstraias ou científicas, notoriamente fora dos conhecimentos e, às vezes, do alcance intelectual do médium. Este, de resto, geralmente, não tem consciência do que escreve e por outro lado nem mesmo entende a questão proposta, que pode ser feita numa língua estranha ou mentalmente, sendo a resposta dada nessa língua. Acontece, por fim, que a cesta escreve de maneira espontânea, sem nenhuma questão proposta, sobre um assunto absolutamente inesperado.

As respostas, em certos casos, revelam um teor de sabedoria, de profundeza e de oportunidade, pensamentos tão elevados e tão sublimes, que não podem vir senão de uma inteligência superior, impregnada da mais pura moralidade. De outras vezes, são tão levianas, tão frívolas e mesmo tão banais que a razão se recusa a admitir que possam vir da mesma fonte. Essa diversidade de linguagem não se pode explicar senão pela diversidade de inteligências que se manifestam. Essas inteligências são humanas ou não? Esse é o ponto a esclarecer e sobre o qual se encontrará nesta obra a explicação completa, tal como foi dada pelos próprios espíritos.

Eis, portanto, os efeitos evidentes que se produzem fora do círculo habitual de nossas observações; que não se passam de maneira misteriosa mas à luz do dia; que todos podem ver e constatar; que não são privilégio de nenhum indivíduo e que milhares de pessoas repetem à vontade todos os dias. Esses efeitos têm necessariamente uma causa e, desde que revelam a ação de uma inteligência e de uma vontade, saem fora do domínio puramente físico.

Muitas teorias foram formuladas a respeito. Passaremos a examiná-las dentro em pouco e veremos se podem tornar compreensíveis todos os fatos produzidos. Admitamos, por enquanto, a existência de seres distintos da Humanidade, pois é essa a explicação dada pelas inteligências, e vejamos o que eles nos dizem.

Resumo da Doutrina dos Espíritos

Os seres que se manifestam designam-se a si mesmos, como dissemos pelo nome de Espíritos ou Gênios, e dizem, alguns pelo menos, que viveram como homens na Terra. Constituem o mundo espiritual, como nós constituímos durante a nossa vida, o mundo corporal. Resumimos em poucas palavras os pontos principais da doutrina que nos transmitiram, a fim de mais facilmente responder a certas objeções:

Deus é eterno, imutável, imaterial, único, todo-poderoso, soberanamente justo e bom.

Criou o universo, que compreende todos os seres animados e inanimados, materiais e imateriais.

Os seres materiais constituem o mundo visível ou corporal e os seres imateriais o mundo invisível ou espírita, ou seja, dos espíritos.

O mundo espírita é o mundo normal, primitivo, eterno, preexistente e sobrevivente a tudo.

O mundo corporal é secundário; pode deixar de existir ou nunca ter existido, sem alterar a essência do mundo espírita.

Os espíritos revestem temporariamente um invólucro material perecível e sua destruição pela morte os devolve à liberdade.

Entre as diferentes espécies de seres corporais, Deus escolheu a espécie humana para a encarnação dos espíritos que chegaram a um certo grau de desenvolvimento, o que lhes dá superioridade moral e intelectual perante as demais.

A alma é um espírito encarnado e o corpo é apenas o seu invólucro.

Há no homem três coisas: l) O corpo ou ser material, semelhante ao dos animais e animado pelo mesmo princípio vital; 2) A alma ou ser imaterial, espírito encarnado no corpo; 3) o liame que une a alma ao corpo, principio intermediário entre a matéria e o espírito.

O homem tem, assim, duas naturezas: pelo corpo participa da natureza dos animais, dos quais possui os instintos; pela alma participa da natureza dos espíritos.

O liame ou *perispírito* que une corpo e espírito é uma espécie de invólucro semimaterial. A morte é a destruição do invólucro mais grosseiro. O espírito conserva o segundo, que constitui para ele um corpo etéreo, invisível para nós no seu estado normal, mas que ele pode tornar acidentalmente visível e mesmo tangível, como se verifica nos fenômenos de aparição.

O espírito não é, portanto, um ser abstraio, indefinido, que só o pensamento pode conceber. É um ser real, definido, que em certos casos pode ser apreciado pelos nossos sentidos da *vista,* da *audição* e do *tato.*

Os espíritos pertencem a diferentes classes, não sendo iguais em poder nem inteligência, saber ou moralidade. Os da primeira ordem são os Espíritos Superiores que se distinguem pela perfeição, pelos conhecimentos e pela proximidade de Deus, a pureza dos sentimentos e o amor do bem: são os anjos ou espíritos puros. As demais classes se distanciam mais e mais dessa perfeição. Os das classes inferiores são inclinados às nossas paixões: o ódio, a inveja, o ciúme o orgulho etc., e se comprazem no mal. Nesse número há os que não são nem muito bons, nem muito maus; antes perturbadores e intrigantes do que maus; a malícia e a inconsequência parecem ser as suas características: são os espíritos estouvados ou levianos.

Os espíritos não pertencem eternamente à mesma ordem. Todos melhoram, passando pelos diferentes graus da hierarquia espírita. Esse melhoramento se verifica pela encarnação, que a uns é imposta como uma expiação e a outros como missão. A vida material é uma prova a que devem se submeter repetidas vezes até atingirem a perfeição absoluta; é uma espécie de peneira ou depurador de que eles saem mais ou menos purificados.

Deixando o corpo, a alma volta ao mundo dos espíritos, de que havia saído para reiniciar uma nova experiência material após um lapso de tempo mais ou menos longo durante o qual permanecerá no estado de espírito errante.

Devendo o espírito passar por muitas encarnações, conclui-se que todos nós tivemos muitas existências e que teremos ainda outras mais ou menos aperfeiçoadas, seja na Terra ou em outros mundos.'

A encarnação dos espíritos ocorre sempre na espécie humana. Seria um erro acreditar que a alma ou espírito pudesse encarnar num corpo de animal.

As diferentes existências corporais do espírito são sempre progressivas e jamais retrógradas, mas a rapidez do progresso depende dos esforços que fazemos para chegar a perfeição.

As qualidades da alma são as do espírito encarnado. Assim, o homem de bem é a encarnação de um bom espírito e o homem perverso, a de um espírito impuro.

A alma tinha a sua individualidade antes da encarnação e a conserva após a separação do corpo.

No seu regresso ao mundo dos espíritos, a alma reencontra todos os que conheceu na Terra e todas as suas existências anteriores se delineiam na sua memória, com a recordação de todo o bem e todo o mal que tenha feito.

O espírito encarnado está sob influência da matéria. O homem que supera essa influência, pela elevação e purificação de sua alma, aproxima-se dos bons espíritos com os quais estará um dia. Aquele que se deixa dominar pelas más paixões e põe todas as suas alegrias na satisfação dos apetites grosseiros se aproxima dos espíritos impuros, dando preferência à natureza animal. Os espíritos encarnados habitam os diferentes globos do universo.

Os espíritos não encarnados ou errantes não ocupam nenhuma região determinada ou circunscrita; estão por toda parte, no espaço e ao nosso lado, vendo-nos e acotovelando-nos sem cessar. É toda uma população invisível que se agita em nosso redor.

Os espíritos exercem sobre o mundo moral e mesmo sobre o mundo físico uma ação incessante. Agem sobre a matéria e sobre o pensamento e constituem uma das forças da natureza, causa eficiente de uma multidão de fenômenos até agora inexplicados ou mal explicados, que não encontram solução racional.

"As relações dos espíritos com os homens são constantes. Os bons espíritos nos convidam ao bem, nos sustentam nas provas da vida e nos ajudam a suportá-las com coragem e resignação;

os maus nos convidam ao mal: é para eles um prazer ver-nos sucumbir e cair no seu estado."

As comunicações ocultas verificam-se pela influência boa ou má que eles exercem sobre nós sem o sabermos, cabendo ao nosso julgamento discernir as más e boas inspirações. As comunicações ostensivas realizam-se por meio da escrita, da palavra ou de outras manifestações materiais, na maioria das vezes através dos médiuns que lhes servem de instrumentos.

Os espíritos se manifestam espontaneamente ou pela evocação. Podemos evocar todos os espíritos: os que animaram homens obscuros e os dos personagens mais ilustres, qualquer que seja a época em que tenham vivido; os de nossos parentes, de nossos amigos ou inimigos, e deles obter, por comunicações escritas ou verbais, conselhos, informações sobre a situação em que se acham no espaço, seus pensamentos a nosso respeito, assim como as revelações que tenham a permissão de nos fazer.

Os espíritos são atraídos na razão de sua simpatia pela natureza moral do meio que os evoca. Os espíritos superiores gostam das reuniões sérias em que predominam o amor do bem e o desejo sincero de instrução e de melhoria. Sua presença afasta os espíritos inferiores, que encontram, ao contrário, livre acesso e podem agir com inteira liberdade entre as pessoas frívolas ou guiadas apenas pela curiosidade, e por toda parte onde encontrem maus instintos. Longe de obtermos bons conselhos e informações úteis desses espíritos, nada mais devemos esperar do que futilidades, mentiras, brincadeiras de mau gosto ou mistificações, pois frequentemente se servem de nomes veneráveis para melhor nos induzirem ao erro.

Distinguir os bons e os maus espíritos é extremamente fácil. A linguagem dos espíritos superiores é constantemente digna, nobre, cheia da mais alta moralidade, livre de qualquer paixão inferior, seus conselhos revelam a mais pura sabedoria e têm sempre por alvo o nosso progresso e o bem da Humanidade. A dos espíritos inferiores é inconsequente, quase sempre banal e mesmo grosseira; se dizem às vezes coisas boas e verdadeiras, dizem com mais frequência falsidades e absurdos, por malícia ou ignorância; zombam da credulidade e divertem-se à custa dos que os interrogam, lisonjeando-lhes a vaidade e embalando-lhes os desejos com falsas esperanças. Em resumo as comunicações sérias, na perfeita acepção do termo, não se verificam senão nos centros senos, cujos membros estão unidos por uma íntima comunhão de pensamentos dirigidos para o bem.

A moral dos espíritos superiores se resume, como a do Cristo, nesta máxima evangélica: Fazer aos outros o que desejamos que os outros nos façam, ou seja, fazer o bem e não o mal. O homem encontra nesse princípio a regra universal de conduta, mesmo para as menores ações.

Eles nos ensinam que o egoísmo, o orgulho, a sensualidade são paixões que nos aproximam da natureza animal, prendendo-nos à matéria; que o homem que, desde este mundo, se liberta da matéria pelo desprezo das futilidades mundanas e o cultivo do amor ao próximo, se aproxima da natureza espiritual; que cada um de nós deve se tornar útil segundo as faculdades e os meios que Deus nos colocou nas mãos para nos provar; que o Forte e o Poderoso devem apoio e proteção ao Fraco porque aquele que abusa da sua força e do seu poder para oprimir o seu semelhante viola a lei de Deus. Eles ensinam enfim que no mundo dos espíritos nada pode estar escondido: o hipócrita será desmascarado e todas as suas torpezas, reveladas; a presença inevitável e incessante daqueles que prejudicamos é um dos castigos que nos estão reservados; ao estado de inferioridade e de superioridade dos espíritos correspondem penas e alegrias que nos são desconhecidas na Terra.

Mas eles nos ensinam também que não há faltas irremissíveis que não possam ser apagadas pela expiação. O homem encontra o meio necessário nas diferentes existências que lhe permitem avançar, na via do progresso em direção à perfeição que é o seu objetivo final.

Este é o resumo da Doutrina Espírita, como ela aparece no ensinamento dos espíritos superiores. Vejamos agora as objeções que lhe fazem.

VII – A Ciência e o Espiritismo

A oposição das corporações científicas é, para muita gente, senão uma prova pelo menos uma forte presunção contrária. Não somos dos que levantam a voz contra os sábios, pois não queremos dar motivo a nos chamarem de estouvados; temo-los, pelo contrário, em grande estima e ficaríamos muito honrados se fôssemos contados entre eles. Entretanto, sua opinião não poderia representar, em todas as circunstâncias, um julgamento irrevogável.

Quando a Ciência sai da observação material dos fatos e trata de apreciá-los e explicá-los, abre-se para os cientistas o campo das conjeturas: cada um constrói o seu sistemazinho, que deseja fazer prevalecer e sustenta encarniçadamente. Não vemos diariamente as opiniões mais contraditórias serem preconizadas e rejeitadas, repelidas como erros absurdos e depois proclamadas como verdades incontestáveis? Os fatos, eis o verdadeiro critério dos nossos julgamentos, o argumento sem réplica. Na ausência dos fatos, a dúvida é a opinião do homem prudente.

No tocante às coisas evidentes, a opinião dos sábios é justamente digna de fé, porque eles as conhecem mais e melhor que o vulgo. Mas no tocante a princípios novos, a coisas desconhecidas, a sua maneira de ver não é mais do que hipotética, porque eles não são mais livres de preconceitos que os outros. Direi mesmo que o sábio terá, talvez, mais preconceitos que qualquer outro, pois uma propensão natural o leva a tudo subordinar ao ponto de vista de sua especialidade: o matemático não vê nenhuma espécie de prova senão através de uma demonstração algébrica; o químico relaciona tudo com a ação dos elementos;

e assim por diante. Todo homem que se dedica a uma especialidade escraviza a ela as suas ideias. Afastai-o do assunto e ele quase sempre se confundirá, porque deseja tudo submeter ao seu modo de ver; é esta uma consequência da fragilidade humana. Consultarei, portanto, de bom grado e com absoluta confiança, um químico, sobre uma questão de análise; um físico, sobre a força elétrica; um mecânico, sobre a força motriz; mas eles me permitirão, sem que isto afete a estima que lhes devo por sua especialização, que não tenha em melhor conta a sua opinião negativa sobre o espiritismo do que a de um arquiteto sobre questões de música.

As ciências comuns se apoiam nas propriedades da matéria, que podem ser experimentadas e manipuladas à vontade; os fenômenos espíritas se apoiam na ação de inteligências que têm vontade própria e nos provam a todo instante não estarem submetidas ao nosso capricho. As observações, portanto, não podem ser feitas da mesma maneira, num e noutro caso. No espiritismo, elas requerem condições especiais e outra maneira de encará-las: querer sujeitá-las aos processos ordinários de investigação seria estabelecer analogias que não existem. A Ciência propriamente dita, como Ciência, é incompetente para se pronunciar sobre a questão do espiritismo: não lhe cabe se ocupar do assunto e seu pronunciamento a respeito, qualquer que seja, favorável ou não, nenhum peso teria.

O espiritismo é o resultado de uma convicção pessoal que os sábios podem ter como indivíduos, independentemente de sua condição de sábios. Querer, porém, deferir a questão à Ciência seria o mesmo que entregar a uma assembleia de físicos ou astrônomos a solução do problema da existência da alma.

Com efeito, o espiritismo repousa inteiramente sobre a existência da alma e o seu estado após a morte. Ora, é supinamente ilógico pensar que um homem deva ser grande psicólogo pelo simples fato de ser grande matemático ou grande anatomista. O anatomista, dissecando o corpo humano, procura a alma e, porque não a encontra com o seu bisturi, como se encontrasse um nervo, ou porque não a vê se envolar como um gás, conclui que ela não existe. Isso em razão de se colocar num ponto de vista exclusivamente material. Segue-se daí que ele esteja com a razão, contra a opinião universal? Não. Vê-se, portanto, que o espiritismo não é da alçada da Ciência.

Quando as crenças espíritas estiverem vulgarizadas, quando forem aceitas pelas massas - o que, a julgar pela rapidez com que se propagam, não estaria muito longe - dar-se-á com elas o que se tem dado com todas as ideias novas que encontraram oposição: os sábios se renderão à evidência. Eles aceitarão individualmente, pela força das circunstâncias. Até que isso aconteça, seria inoportuno desviá-los de seus trabalhos especiais para constrangê-los a se ocupar de coisa estranha, que não está nas suas atribuições nem nos seus programas. Enquanto isso, os que, sem estudo prévio e aprofundado da questão, se pronunciam pela negativa e zombam dos que não concordam com a sua opinião, esquecem que o mesmo aconteceu com a maioria das grandes descobertas que honraram a Humanidade. Arriscam-se a ver os seus nomes aumentando a lista dos ilustres negadores das ideias novas, inscritos ao lado dos membros da douta assembleia que, em 1752, recebeu com estrondosa gargalhada o relatório de Franklin sobre os para-raios, julgando-o indigno de figurar entre as comunicações de pauta; e daquela outra que fez a França perder as vantagens da navegação a vapor ao declarar o sistema de Fulton um sonho impraticável. Não obstante, eram questões da alçada da Ciência. Se essas assembleias, que contavam com os maiores sábios do mundo, só tiveram zombarias e sarcasmo para as ideias que ainda não compreendiam e que, alguns anos mais tarde, deviam revolucionar a Ciência, e os costumes e a indústria, como esperar que uma questão estranha aos seus trabalhos possa ser melhor aceita?

Esses erros lamentáveis não tirariam aos sábios, entretanto, os títulos com que, noutros assuntos, conquistaram nosso respeito. Mas é necessário um diploma oficial para se ter bom senso? E fora das cátedras acadêmicas não haverá mais do que tolos e imbecis? Basta olhar para os adeptos da doutrina espírita, para se ver se entre eles só existem ignorantes e se o número imenso de homens de mérito que a abraçaram permite que a releguemos ao rol das simples crendices. O caráter e o saber desses homens autorizam-nos a dizer: pois se eles o afirmam, deve pelo menos haver alguma coisa.

Repetimos ainda que, se os fatos de que nos ocupamos estivessem reduzidos ao movimento mecânico dos corpos, a pesquisa da causa física do fenômeno seria do domínio da Ciência; mas desde que se trata de uma manifestação fora do domínio das leis humanas, escapa à competência da Ciência material porque não pode ser explicada por números nem por forças mecânicas. Quando surge um fato novo, que não se enquadra em nenhuma Ciência conhecida, o sábio, para o estudar, deve fazer abstração de sua ciência e dizer a si mesmo que se trata de um estudo novo, que não pode ser feito através de ideias preconcebidas.

O homem que considera a sua razão infalível está bem próximo do erro; mesmo aqueles que têm as mais falsas ideias apoiam-se na própria razão e é por isso que rejeitam tudo o que lhes parece impossível. Os que ontem repeliram as admiráveis descobertas de que a Humanidade hoje se orgulha, apelaram a esse juiz para as rejeitar. Aquilo que chamamos razão é quase sempre orgulho mascarado e quem quer que se julgue infalível coloca-se como igual a Deus. Dirigimo-nos, portanto, aos que são bastante ponderados para duvidar do que não viram e, julgando o futuro pelo passado, não acreditam que o homem tenha chegado ao apogeu nem que a natureza lhe tenha virado a última página do seu livro.

Perseverança e Seriedade

Acrescentemos que o estudo de uma doutrina como a espírita, que nos lança de súbito numa ordem de coisas tão nova e grande, não pode ser feito proveitosamente, senão por homens sérios, perseverantes, isentos de prevenções e animados de uma firme e sincera vontade de chegar a um resultado. Não podemos classificar assim aos que julgam *a priori*, levianamente, sem terem visto tudo; que não imprimem aos seus estudos nem a continuidade, nem a regularidade e o recolhimento necessários; e menos ainda aos que, para não diminuírem a sua reputação de homens de espírito, se esforçam por encontrar um lado burlesco nas coisas mais verdadeiras ou assim consideradas por pessoas cujo saber, caráter e convicções, merecem a consideração dos que se prezam de urbanidade. Que se abstenham, portanto, os que não julgam os fatos dignos de sua atenção; ninguém pretende violentar-lhes a crença - mas que eles também saibam respeitar as dos outros.

O que caracteriza um estudo sério é a continuidade. Devemos admirar-nos de não obter respostas sensatas a perguntas naturalmente sérias, quando as fazemos ao acaso de maneira brusca, em meio as perguntas preliminares ou complementares. Quem quer adquirir uma ciência deve estudá-la de maneira metódica, começando pelo começo e seguindo o seu encadeamento de ideias. Aquele que propõe a um sábio, ao acaso, uma questão sobre Ciência de que ignora os rudimentos, obterá algum proveito? O próprio sábio poderá, com a maior boa vontade, dar-lhe uma resposta satisfatória? Essa resposta isolada será forçosamente incompleta e, por isso mesmo, quase será ininteligível, ou poderá parecer absurda e contraditória.

Acontece o mesmo em nossas relações com os espíritos. Se desejamos aprender com eles, temos de lhes seguir o curso; mas, como entre nós, é necessário escolher os professores e trabalhar com assiduidade.

Dissemos que os epíritos superiores só comparecem às reuniões sérias, àquelas, sobretudo, em que reina a perfeita comunhão de pensamentos e bons sentimentos. A leviandade e as perguntas ociosas os afastam como, entre os homens, afastam as criaturas ponderadas; o campo fica então livre à turba de espíritos mentirosos e frívolos, sempre à espreita de oportunidades para zombarem de nós e se divertirem à nossa custa. No que se transformaria uma pergunta séria, numa reunião dessas? Teria resposta? De quem? Seria o mesmo que lançarmos, numa reunião de gaiatos, estas perguntas: o que é a alma?; o que é a morte?; e outras coisas assim divertidas.

Se quereis respostas sérias, sede sérios vós mesmos, em toda a extensão do termo, e mantende-vos nas condições necessárias: somente então obtereis grandes coisas. Sede, além disso, laboriosos e perseverantes em vossos estudos, para que os espíritos superiores não vos abandonem, como faz um professor com os alunos negligentes.

IX – Monopolizadores do Bom Senso

O movimento de objetos é um fato comprovado; resta saber se nesse movimento há ou não manifestação inteligente e, em caso afirmativo, qual a sua origem.

Não falamos do movimento inteligente de certos objetos, nem das comunicações verbais ou das que são escritas diretamente pelos médiuns. Esse gênero de manifestações, tão evidente para aqueles que viram e aprofundaram o assunto, não é, à primeira vista, bastante independente da vontade para convencer um observador novato. Não trataremos, portanto, senão da escrita obtida com a ajuda de um objeto munido de lápis, com a cesta, a prancheta etc. A maneira por que os dedos do médium são postos sobre o objeto desafia, como já dissemos, a mais consumada destreza em participar de qualquer forma da formação de letras. Mas admitamos ainda que, por uma habilidade maravilhosa, possa ele enganar os olhos mais atentos. Como explicar-se a natureza das respostas, quando elas superam as ideias e os conhecimentos do médium? E note-se que não se trata de respostas monossilábicas, mas quase sempre de muitas páginas escritas com admirável rapidez, seja espontaneamente ou sobre assunto determinado. Pela mão do médium menos versado em literatura, surgem poesias de uma sublimidade e de uma pureza impecáveis, que não desmereceriam os melhores poetas humanos. E o que aumenta ainda a estranheza desses fatos é que eles se produzem e que os médiuns se multiplicam ao infinito. Esses fatos são reais ou não? A esta pergunta só podemos responder: vede e observai; não vos faltarão oportunidades; mas, sobretudo, observai com consciência, por longo tempo e obedecendo às condições necessárias.

À evidência, o que respondem os antagonistas? Sois vítimas do charlatanismo, dizem eles, ou joguetes de uma ilusão. Responderemos, de início, que é preciso afastar a palavra charlatanismo de onde não existem lucros, pois os charlatães não agem gratuitamente. Seria, quando muito, uma mistificação. Mas por que estranha coincidência os mistificadores se teriam entendido, de um extremo ao outro do mundo, para agir da mesma maneira, produzir os mesmos efeitos e dar, sobre os mesmos assuntos e nas diversas línguas, respostas idênticas, senão quanto às palavras, pelo menos quanto ao sentido? Como é que pessoas sérias, honradas e instruídas se prestariam a semelhantes manobras, e com que objetivo? Como teriam encontrado entre as crianças a paciência e a habilidade necessárias? Porque, se os médiuns não forem instrumentos passivos, é claro que necessitam de habilidade e de conhecimentos incompatíveis com certas idades e posições sociais.

Então acrescentam que, se não há embuste, dos dois lados podem estar embaídos por uma ilusão. Em boa lógica, a qualidade das testemunhas tem um certo peso; ora, é o caso de perguntar se a doutrina espírita, que conta hoje milhões de adeptos, só os recruta entre os ignorantes. Os fenômenos em que ela se apoia são tão extraordinários que concebemos a dúvida, mas não se pode admitir a pretensão de alguns incrédulos ao monopólio de bom senso, ou que, sem respeito às conveniências e ao valor moral dos adversários, tachem de ineptos a todos os que não concordam com as suas opiniões. Aos olhos de toda pessoa judiciosa, a opinião dos homens esclarecidos que viram determinado fato por longo tempo e o estudaram e meditaram será sempre uma prova ou, pelo menos, uma presunção favorável, por ter podido prender a atenção de homens sérios, que não tinham nenhum interesse em propagar erros nem tempo a perder com futilidades.

A Linguagem dos Espíritos e o Poder Diabólico

Entre as objeções, algumas são mais ponderáveis pelo menos na aparência, porque se baseiam na observação de pessoas sérias.

Uma dessas observações refere-se à linguagem de certos espíritos, que não parece digna da elevação atribuída aos seres sobrenaturais. Se quisermos reportar-nos ao resumo da doutrina atrás apresentado, veremos que os próprios espíritos ensinam que não são iguais em conhecimentos nem em qualidades morais, e que não se deve tomar ao pé da letra tudo o que dizem. Cabe às pessoas sensatas separar o bom do mau. Seguramente, os que deduzem desse fato que tratamos com seres malfazejos, cuja única intenção é a de nos mistificarem, não conhecem as comunicações dadas nas reuniões em que se manifestam espíritos superiores, pois de outra maneira não pensariam assim. E pena que o acaso tenha servido tão mal a essas pessoas, não lhes mostrando senão o lado mau do mundo espírita, pois não queremos supor que uma tendência simpática atraia para elas os maus espíritos em lugar dos bons, os espíritos mentirosos ou esses cuja linguagem é de revoltante grosseria. Poderíamos concluir, quando muito, que a solidez dos seus princípios não seja bastante forte para preservá-las do mal, e que, achando um certo prazer em lhe satisfazer a curiosidade, os maus espíritos, por seu lado, se aproveitam disso para se introduzir entre elas, enquanto os bons se afastam.

Julgar a questão dos espíritos por esses fatos seria tão pouco lógico como julgar o caráter de um povo pelo que se diz e se faz numa reunião de alguns estabanados ou gente de má fama, a que não comparecem os sábios nem as pessoas sensatas. Os que assim julgam estão na situação de um estrangeiro que, chegando a uma grande capital pelo seu pior arrabalde, julgasse toda a população da cidade pelos costumes e a linguagem desse bairro mesquinho. No mundo dos espíritos, há também desníveis sociais; se aquelas pessoas quisessem estudar as relações entre os espíritos elevados, ficariam convencidas de que a cidade celeste não contém apenas a escória popular. Mas, perguntam elas, os espíritos elevados chegam até nós? Responderemos: não permaneçais no subúrbio; vede, observai e julgai; os fatos aí estão para todos. A menos que a essas pessoas se apliquem estas palavras de Jesus: *"Têm olhos e não veem; têm ouvidos e não ouvem"*.

Uma variante desta opinião consiste em não ver nas comunicações espíritas e em todos os fatos materiais a que elas dão lugar senão a intervenção de um poder diabólico, novo Proteu que revestiria todas as formas para melhor nos iludir. Não a consideramos suscetível de um exame sério e por isso não nos deteremos no caso: ela já está refutada pelo que dissemos atrás. Acrescentaremos apenas que, se fosse assim, teríamos de convir que o diabo é às vezes bem inteligente, bastante criterioso e sobretudo muito moral, ou então que existem bons diabos.

Como acreditar, de fato, que Deus não permita senão ao espírito do mal manifestar-se para nos perder, sem dar-nos por contrapeso os conselhos dos bons espíritos? Se ele não o pode, isto é uma impotência; se ele o pode e não faz, isso é incompatível com sua bondade; e uma e outra suposição seriam blasfêmia. Acentuemos que admitir a comunicação dos maus espíritos é reconhecer o princípio das manifestações. Ora, desde que estas existem, será com a permissão de Deus. Como acreditar, sem cometer impiedade, que ele só permita o mal, com exclusão do bem? Uma doutrina assim é contrária ao bom senso e às mais simples noções da religião."

Allan Kardec

Biografia Resumida de Allan Kardec

A vida de Allan Kardec pode ser contada de várias maneiras.

Para melhor compreensão de alguns aspectos, preferimos dividi-la em duas fases distintas: a primeira em que, desde o seu nascimento até a idade dos 50 anos, foi conhecido por Hippolyte Léon Denizard Rivail; e a segunda, quando se tornou espírita e passou a assinar Allan Kardec.

1ª fase:

Allan Kardec nasceu em Lyon (França), a 3 de outubro de 1804, e foi registrado sob o nome de Hippolyte Léon Denizard Rivail.

Iniciou seus estudos na escola de Pestalozzi (em Yverdun, Suíça). A educação transmitida por Pestalozzi marcou profundamente a vida futura do jovem Rivail.

Tornou-se educador e entusiasta do ensino, tendo sido várias vezes convidado por Pestalozzi para assumir a direção da escola, na sua ausência. Durante 30 anos (de 1824 a 1854), dedicou-se inteiramente ao ensino e foi autor de várias obras didáticas, que em muito contribuíram para o progresso de educação, naquela época.

2ª fase:

Em 1855, o professor Rivail depara, pela primeira vez, com o "fenômeno das mesas que giravam, saltavam e corriam, em condições tais que não deixavam lugar para qualquer dúvida".

Passa então a observar estes fenômenos; pesquisa-os cuidadosamente, graças ao seu espírito de investigação, que sempre lhe fora peculiar, não elabora qualquer teoria pré-concebida, mas insiste na descoberta das causas.

Aplica a estes fenômenos o método experimental, com o qual já estava familiarizado na função de educador, e, partindo dos efeitos, remonta às causas e reconhece a autenticidade daqueles fenômenos.

Convenceu-se da existência dos espíritos e de sua comunicação com os homens. Grande transformação se opera na vida do professor Rivail: convencido de sua condição de espírito encarnado, adota um nome já usado em existência anterior, no tempo dos druidas: Allan Kardec.

De 1855 a 1869, consagrou sua existência ao espiritismo; sob a assistência dos Espíritos Superiores, representados pelo Espírito da Verdade, estabelece as bases da Codificação Espírita, em seu tríplice aspecto: Filosófico, Científico e Religioso.

Além das obras básicas da Codificação (Pentateuco Kardequiano), contribuiu com outros livros básicos de iniciação doutrinária, como: "*O que é o Espiritismo*", "*O Espiritismo na sua mais Simples Expressão*", "*Instruções Práticas sobre as Manifestações Espíritas*" e "*Obras Póstumas*". A estas obras, junta-se a *Revista Espírita*, "jornal" de estudos psicológicos, lançado a 1º de janeiro de 1858, sob sua direção por 12 anos.

É também de sua iniciativa a fundação da Sociedade Parisiense de Estudos Espíritas, em 1º de abril de 1858, primeira instituição regularmente constituída com o objetivo de promover estudos que favorecessem o progresso do espiritismo.

Assim surgiu o espiritismo: com a ação dos Espíritos Superiores, apoiados na maturidade moral e cultural de Allan Kardec, no papel de codificador. Com a máxima "Fora da caridade não há salvação", procura ressaltar a igualdade entre os homens, perante Deus, a tolerância, a liberdade de consciência e a benevolência mútua. E a este princípio cabe juntar outro: "Fé inabalável é aquela que pode encarar a razão face à face, em todas as épocas da humanidade". Esclarece Allan Kardec: "A fé raciocinada que se apoia nos fatos e na lógica não deixa qualquer obscuridade: crê-se, porque se tem certeza e só se está certo quando se compreendeu".

Denominado "o bom senso encarnado" pelo célebre astrônomo Camille Flammarion, Allan Kardec desencarnou aos 65 anos, a 31 de março de 1869. Em seu túmulo, no cemitério de Père Lachaise (Paris), uma inscrição sintetiza a concepção evolucionista da Doutrina Espírita: "Nascer, morrer, renascer ainda e progredir sem cessar, tal é a lei".

Bibliografia:

A Bíblia Cristã

Livros de Allan Kardec:

O Livro dos Espíritos
O Céu e o Inferno
A Gênese
O Evangelho segundo o Espiritismo
O Livro dos Médiuns

Este livro foi impresso nas oficinas gráficas da Editora Vozes Ltda.,
Rua Frei Luís, 100 – Petrópolis, RJ.